Escucha tu dolor

EDICIÓN ACTUALIZADA Y REVISADA POR EL AUTOR

DIEZ RELATOS DE VIDA

Gabriel Rolón

Escucha tu dolor

Diana

Obra editada en colaboración con Editorial Planeta – Argentina

Título original: *Historias de diván*

© 2007, 2017, Gabriel Rolón
Todos los derechos reservados

Concepto editorial: Anónima Content Studio
Diseño e imágenes de portada: Óscar Abril / BaPstudio.co
Fotografía del autor: © Alejandro Palacios
Formación: Liz Estrada
Ilustraciones de interiores: Diego Martínez García
Diseño de maquetación: Ale Ruiz Esparza

© 2024, Grupo Editorial Planeta S.A.I.C. - Buenos Aires, Argentina

Derechos reservados

© 2025, Editorial Planeta Mexicana, S.A. de C.V.
Bajo el sello editorial DIANA M.R.
Avenida Presidente Masarik núm. 111,
Piso 2, Polanco V Sección, Miguel Hidalgo
C.P. 11560, Ciudad de México
www.planetadelibros.com.mx

Primera edición impresa en Argentina: diciembre de 2024
ISBN: 978-950-49-8870-0

Primera edición impresa en México: agosto de 2025
ISBN: 978-607-39-3149-6

Esta publicación contiene material sensible que incluye descripciones de abuso sexual. El contenido puede afectar emocionalmente a ciertas personas lectoras. Su lectura queda bajo responsabilidad del lector.

Impreso en los talleres de Litográfica Ingramex, S.A. de C.V.
Centeno núm. 162-1, colonia Granjas Esmeralda, Ciudad de México
Impreso en México – *Printed in Mexico*

He sido un hombre afortunado.
En la vida, nada me ha sido fácil.

SIGMUND FREUD

ÍNDICE

PRÓLOGO A LA EDICIÓN CONMEMORATIVA DE LOS DIEZ AÑOS DE *ESCUCHA TU DOLOR*

El hombre llegó hasta la fuente del río Pactulo, se inclinó, cerró los ojos y los últimos acontecimientos volvieron a su memoria. Se vio en su palacio, rodeado de sirvientes y lujos. Recordó el jardín de rosas por el que tanto le gustaba caminar, sintió el cuerpo cálido del gato en su regazo y el sonido de la risa de su hija, Zoe. Había llegado a tener todo lo que un hombre podía soñar, sin embargo, una oscura obsesión fue la causa de su actual sufrimiento.

Cierto día, Dioniso pasó por su tierra, Frigia, y en gratitud por el trato recibido se ofreció a cumplir cualquiera de sus deseos. El monarca no dudó un instante: «Quiero que todo lo que toque se convierta en oro». El Dios frunció el entrecejo y le cuestionó si estaba convencido de lo que pedía, el hombre ratificó su decisión. «Así sea —sentenció Dioniso—: A partir de mañana todo lo que toques se convertirá en oro».

A la mañana siguiente, Midas despertó ansioso y recorrió el palacio posando sus manos sobre todo lo que estuviera a su alcance: los cuadros, la bañera, las paredes y saltaba de alegría al ver como al solo roce de su piel todas las cosas se transformaban en oro. Hasta que en un momento sintió hambre, tomó una uva y casi pierde un diente porque el fruto se había transformado en una perla dorada. Más tarde tuvo sed, pero el vino se volvió oro líquido no bien rozó sus labios. Su mascota saltó sobre él y quedó convertida en una estatua radiante. El miedo lo invadió y, entonces, fue en busca del consuelo de su hija, pero no bien la hubo abrazado la joven se trocó en una figura áurea.

Devastado, entendió que a partir de ese día solo podría sentir el contacto frío y duro del oro y rogó a Dioniso para que le quitara esa condena: comprendió que antes de pedir el don ya poseía todo lo que necesitaba para ser feliz y lo único que deseaba era volver a oler el perfume de sus rosas, jugar con su gato y besar a su hija.

El Dios creador del vino le informó que para lograr eso debía renunciar no solo a su portento, sino también a todo el oro que tuviera, lavarse las manos en las aguas del río Pactulo y mojar con ella cada cosa que hubiera tocado para que recuperara así su estado natural.

Y allí estaba ahora. El reflejo le devolvió una sonrisa mientras sumergía las manos en la fuente pensando en lo que sentiría al disfrutar nuevamente de aquello que de verdad amaba.

La historia del rey Midas deja flotando la sensación de que la ambición es algo negativo. Sin embargo, existe una diferencia entre la ambición y la avaricia, su costado desmesurado y patológico. La ambición, lejos de ser perniciosa, es la cara visible del deseo que recorre a un sujeto y da cuenta de esa fuerza que lo lleva a seguir adelante, armar un proyecto más e ir en busca de un sueño nuevo cada día. Un hombre sin ambiciones transitará la vida resignado y será apenas un sobreviviente. Visto de esta manera, se comprende claramente que el deseo es enemigo de la muerte.

Y fue el deseo de difundir el Psicoanálisis lo que me llevó hace diez años a emprender la aventura de escribir *Escucha tu dolor*. La libertad con la que Ignacio Iraola, exdirector de Grupo Planeta, y Mariano Valerio, editor de mis libros, me alentaron a escribir fue fundamental para que mi obra avanzara y mi pluma fuera adquiriendo una voz propia.

Hoy miro hacia atrás y me recuerdo entregando aquel manuscrito con mucha ansiedad y algo de temor, pero con la convicción de que era exactamente lo que quería escribir.

La generosidad de los lectores hizo de *Escucha tu dolor* un éxito y me abrió la puerta a un mundo de ideas, desafíos y emociones que ni siquiera había imaginado.

Por eso esta edición conmemorativa. Porque, de la mano de los casos de Laura, Mariano, Amalia, Cecilia, Majo, Darío, Natalia y el padre Antonio, el libro se metió en el corazón de la gente y nos unió desde entonces de un modo íntimo y profundo.

En estos diez años han pasado muchas cosas importantes en mi vida profesional. Siete libros y más de un millón de ejemplares vendidos hablan de un recorrido editorial que, confieso, todavía observo incrédulo, lleno de emoción y gratitud. El chico que fui, aquel que corría descalzo por las calles de tierra de La Matanza, aún me mira cada día con asombro.

Recuerdo una tarde en el campo. Tenía diez años, el sol caía y yo lo miraba sentado en la cerca. Me encontraba tan extasiado que ni siquiera escuché los pasos a mi espalda.

—¿En qué piensas? —Me preguntó mi padre.

Mi brazo se extendió intentando abarcar la inmensidad que me rodeaba.

—En todo lo que hay allí adelante.

Mi papá sonrió y me preguntó:

—¿Te gusta? —Asentí—. Bueno, entonces ve a buscarlo y hazlo tuyo.

Aquellas palabras me marcaron a fuego y ese ha sido siempre mi compromiso: caminar en dirección a mis deseos aun sabiendo que no todos podrán hacerse posibles. Y es el mismo impulso que me alentó a aceptar la propuesta de convertirme en autor hace diez años.

De la mano de los libros llegaron las charlas, la participación en congresos de Psicoanálisis, clases en universidades de diferentes países, una miniserie de televisión e incluso una película. Todo como resultado de esa travesía iniciada una década atrás.

Esta edición retoma la celebración del décimo aniversario de la publicación argentina. En su momento fue algo así como un festejo privado entre quienes recorrimos juntos esta maravillosa aventura: el escritor, la editorial y los lectores. Se agregaron a la versión original dos casos: las historias de Isabel y Andrea.

Y hoy, como entonces, renuevo dentro de mí el pacto de llegar a ustedes de la mano de la honestidad, porque ese es el desafío de todo analista, ya sea en la clínica, en la difusión o en la vida misma.

Si algo caracteriza el proceso analítico es su capacidad de volvernos más sinceros con nosotros mismos y darnos la posibilidad de utilizar esa pequeña cuota de libertad que nos habita cuando rompemos las cadenas que nos mantienen presos del padecimiento.

Ese y no otro ha sido el sentido de mi obra hasta este momento. Y es el sendero por el que seguiré andando mientras siga impulsándome la llama sagrada de la pasión por el Psicoanálisis.

GABRIEL ROLÓN
Agosto de 2017… en algún lugar de la patria

PRÓLOGO

Cada vez que suena el teléfono de mi consultorio, sé que del otro lado de la línea alguien me está pidiendo ayuda. Y es allí en donde encuentro mi lugar como analista. En ese espacio que una persona abre entre la angustia y el dolor, entre la impotencia y el deseo de salir de un lugar de sufrimiento.

Cuando un paciente (padeciente) viene a mí, sé que me está invitando a compartir un desafío. El desafío de que lo acompañe en un recorrido tan incierto como peligroso: el que lo lleva hacia lo más profundo y secreto de su alma. ¿Qué hay allí? No lo sé. Cada persona es única. Su historia, sus anhelos, sus temores y sus deseos más profundos la convierten en un ser irrepetible, dueño de una verdad oculta que debo ayudarle a develar.

Por estas páginas transitan emociones fuertes que desequilibran a quienes las sienten. El terror al abandono y la incertidumbre que genera en una mujer llegar a los cuarenta años y tener que armar su vida nuevamente. La confusión de un hombre que se debate entre dos mujeres sin poder optar por el amor o la pasión. El sufrimiento de una mujer mayor ante la pérdida de su esposo y la imposibilidad de superarla, un sentimiento que la condena a un duelo eterno. Una joven homosexual que se ve obligada a callar lo que todos saben y a negar su verdadero ser por temor al rechazo familiar. La fortaleza de una adolescente que pelea con una enfermedad terminal y que decide apostarle a la vida. Celos tan inmanejables que le impiden a un hombre joven, inteligente y culto llevar adelante una relación afectiva sana y que, en realidad, son el producto de una dolorosa historia infantil. Una mujer con problemas sexuales que esconde una vivencia trágica sufrida en su niñez, la culpa, ese afecto eternamente presente en todos que, en este caso, le imposibilita a un hombre realizar plenamente su vocación y la angustia de una joven que encontró en la prostitución la única y angustiante manera de enfrentar los problemas de su vida.

Celos, duelo, culpa, amor, pasión, angustia, estados de crisis y actitudes perversas. La vida y la muerte. Pero, por sobre todas las cosas, el deseo de luchar y la valentía de personas que decidieron ir en busca de su verdad para poner fin a tanto padecimiento.

Porque eso es un paciente: alguien que sufre y que a la vez está dispuesto a luchar para dejar de hacerlo. Y en el medio de ese dolor, al tomar conciencia de que solo no puede, llega al consultorio con dudas, temores e imposibilidades. Pero también con confianza. Con la confianza en que pueda ayudarlo a atravesar el momento difícil que está pasando. Para eso me expone su historia, me abre su vida, me muestra aquello que lo avergüenza y espera, con toda justicia, que yo haga algo con eso que me brinda.

Muchas son las alternativas terapéuticas que pueden ofrecerse a quienes desean iniciar un tratamiento psicológico, y siento respeto por todas ellas. El Psicoanálisis es solo una más. Pero la persona que opte por este método debe saber que va a entrar en un mundo que lo llenará de confusión y perplejidad. Un universo que, al principio, puede incluso hasta parecerle absurdo y en el que las cosas supuestamente insignificantes se vuelven relevantes. Un chiste, un sueño, una idea en apariencia extraña, una palabra mal pronunciada, un olvido o un descuido, todas cosas que en nuestra vida cotidiana serían desechadas, adquieren un valor inimaginable en el ámbito analítico. Porque todas representan potenciales puertas que, de abrirse, nos permitirían acercarnos a ese «otro mundo» que habita en cada paciente, la mayoría de las veces sin que él ni siquiera lo sospeche.

Cada analizante trae un jeroglífico, algo que se oculta y que desde su escondite se resiste a salir a la luz. Mi deber es ayudarlo a descifrarlo, y para llevar adelante esa misión dispongo solo de tres armas: el paciente, el analista y la palabra.

Para muchos, la historia de Orfeo y Eurídice es bastante conocida. Según narra el mito, Eurídice encontró la muerte al ser mordida por una serpiente y descendió hasta el Hades, el Infierno de los griegos. Su esposo, Orfeo, la amaba tanto que decidió ir en su búsqueda. Para esta misión contaba nada más que con su lira y su voz: el enamorado era el mejor músico del mundo, y su talento era tal que las fieras se rendían al oírlo y los ejércitos detenían sus combates para disfrutar de su arte. Sin demoras, Orfeo inició el camino que lo llevaba directamente hasta el Infierno. Una vez sorteados varios obstáculos, llegó hasta los mismísimos Hades y Perséfone (amos del mundo subterráneo) para solicitarles que le permitieran llevarse de sus dominios a su esposa. Tanta paz y tanto gozo produjo con su música que los reyes decidieron aceptar su pedido y dejar salir a Eurídice del Infierno. Pero todo tiene un precio, y a cambio de la libertad de la mujer, se les impuso una condición:

Orfeo debía caminar delante de su esposa y en ningún momento, bajo ninguna circunstancia, debía mirar hacia atrás hasta encontrarse afuera. Una vez aceptada la condición, la pareja comenzó el ascenso. Caminaron un trecho bastante largo, y ya se veía la luz del sol, cuando Eurídice, que venía detrás de su amado, resbaló con unas piedras. Orfeo, asustado, se volvió para ver qué ocurría. Entonces la figura de su mujer empezó a desvanecerse y él supo que la había perdido para siempre. Triste final el de esta historia. Pero así son los mitos griegos, cargan siempre con un detalle que cumplir. Una particularidad fatal e ineludible.

Esta historia, a modo de metáfora, representa la batalla que, creo, debe librar cada paciente. La de vencer sus miedos, sus creencias y sus prejuicios para adentrarse a su Infierno individual, con sus propias reglas, con sus fuegos eternos, sus pantanos y sus tormentos. Impulsado, también en este caso, por el amor. Porque el Psicoanálisis es, antes que nada, un acto de amor.

Al analista y al analizante, como a Orfeo, nos mueve un sentimiento grande y profundo. Pero en nuestro caso no se trata, como en el del mito, del amor a una mujer sino del amor a la verdad. A esa verdad única y personal que cada paciente trae, que vive en él y que no puede terminar de decirse, pero que aparece disfrazada en algún sueño, en un chiste o en un lapsus. Una verdad difícil de alcanzar, y para llegar a ella, los analistas debemos utilizar todas las herramientas que hemos adquirido en nuestra formación profesional, y también en la travesía recorrida en nuestro propio análisis y decidirnos, como Virgilio lo hiciera con Dante, a acompañar a nuestro paciente en tan difícil recorrido.

En este punto, me veo en la obligación de hacer dos aclaraciones. La primera es que este no es un libro escrito exclusivamente para psicólogos —si bien espero que a estos les resulte de algún interés—, sino para toda persona sensible al dolor humano y que se interese en la posibilidad real de superarlo o asumirlo. Sin recetas ni consejos de ocasión. La segunda, que las historias aquí contadas están inspiradas en casos absolutamente reales, y que los relatos de estos pacientes, como decía Hermann Hesse: «…saben a insensatez y a confusión, a locura y a ensueño, como la vida de todos los hombres que no quieren mentirse más a sí mismos». Sus protagonistas no son el fruto de un capricho literario, sino que los vi desgarrarse, reír, llorar, frustrarse y enojarse en mi consultorio semana tras semana. He debido, eso sí, novelar en parte algunas de las situaciones para trasmitir mejor, de un modo ordenado y en pocas páginas, aquello que fue resultado de meses, cuando no de años, de un intenso trabajo. Pero quiero dejar en claro que todos y cada uno de los acontecimientos, diálogos, sueños e interpretaciones que aparecen en estas páginas tuvieron lugar en el transcurso de los diferentes tratamientos.

Este libro contiene fragmentos de diferentes casos clínicos que me tocó dirigir. Porciones de vida de personas que tuvieron la generosidad de confiar en mí y de dejarme acompañarlas en sus momentos más difíciles. En todos los casos, se cambiaron los nombres, las edades y las situaciones personales. Todo fue cuidadosamente modificado para resguardar la identidad y la privacidad de los pacientes reales, aunque las temáticas desarrolladas —celos, anorgasmia, homosexualidad, duelos, infidelidad, culpa, abuso, entre otras— son tan comunes y habituales que velan por sí mismas el reconocimiento de los protagonistas de carne y hueso. Conté, además, con la generosa autorización de los pacientes, a quienes les di a leer el material que se basó en su historial clínico para que la otorgaran.

Agradezco, además, a todos los que, confiando en mí, pasaron por mi consultorio en estos años, hayan sido sus tratamientos exitosos o fallidos, ya que en ambos casos me permitieron aprender mucho y me ayudaron a crecer tanto en lo humano como en lo profesional.

Les pido permiso a ustedes, entonces, como lectores, para hacer por lo menos el intento de instalar el discurrir de estas «historias de diván» en tiempos difíciles para el Psicoanálisis. En una época cruzada por la globalización, por «el todo ya», por la terapia «breve» y «focalizada» del seguro que cubre «no más de tantas sesiones», y por una cultura que quiere imponerle al dolor los tiempos de la economía de mercado.

Mucho se dice y se le cuestiona al Psicoanálisis sobre su pertenencia —o no— al corpus de las ciencias tradicionales. No creo que ingresar en ese debate sea algo recomendable para nosotros, los analistas. En lo personal, me gusta concebir a la labor terapéutica más como un arte. El arte de interpretar, de construir sentidos diferentes, de ayudar a quien sufre para que pueda orientar su angustia en otra dirección.

Y para cerrar, quiero remarcar que este no es un libro de autoayuda. Porque creo en el dispositivo clínico y sostengo que ningún texto puede suplantar ese espacio, ese «concubinato» —como decía Lacan— que, de común acuerdo, construimos en confianza, con pasión y mutua entrega, analistas y pacientes.

GABRIEL ROLÓN
Junio de 2007

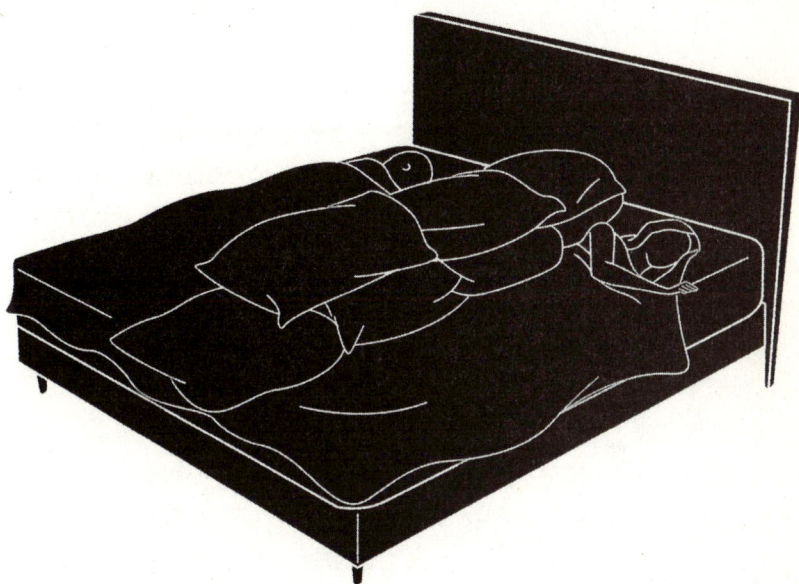

EL FANTASMA DEL ABANDONO

(LA HISTORIA DE LAURA)

Ya no es mágico el mundo.
Te han dejado.

J. L. Borges

—Yo sé que voy a poder arreglarme sola. Lo hice durante toda mi vida, así que no veo por qué no lo voy a poder hacer ahora.

—De todos modos, supongo que es una situación dolorosa...

—Sí, sobre todo para Pilar. Ella siempre tuvo una imagen de familia muy fuerte y está muy apegada a su papá. Calculo que es algo normal en una niña de ocho años. Igual, Sergio y yo decidimos que vamos a hacer las cosas con calma y sin apuro. Somos personas inteligentes, así que no hay razón para que esto se convierta en algo traumático. Por eso te repito que mi única preocupación es la niña.

—¿Y qué quieres decir con esto de hacer las cosas «con calma y sin apuro»?

—Que nosotros nos llevamos bien, nos queremos, nos respetamos... No hay por qué apresurar la salida de Sergio de la casa. Ambos estuvimos de acuerdo en que se va a quedar un tiempo más mientras consigue algo digno, con las comodidades que él se merece y con un lugar para que Pilar lo pueda visitar.

—Ajá. ¿Y mientras tanto qué le van a decir a la niña?

—No sé. Iremos viendo.

—¿Él dónde va a dormir? —me mira como si le hubiera preguntado un disparate.

—En la cama, ¿dónde va a dormir?

—¿Contigo?

—Obvio. Porque yo ni loca me voy al sillón de la sala —ironiza.

—Entonces perdóname, pero no entiendo.

—¿Qué no entiendes?

—Me dices que se separan pero que por ahora no le van a decir nada a Pilar. Y que él se queda a vivir en la casa y va a dormir en la cama contigo. ¿Me explicas de qué separación me estás hablando?

—Ya te lo dije: de una separación inteligente…

—¿Y de quién fue la idea de este modelo tan «inteligente» de separación?

—Mía.

Me quedo pensando algunos segundos.

—Laura, si ustedes, como acabas de decirme, se llevan bien, se quieren, se respetan y no tienen problemas en compartir ni la casa ni la cama, ¿por qué se separan?

Silencio.

—Porque Sergio lo quiere.

—¿Y tú?, ¿tú también lo quieres?

Baja la mirada y no dice nada. La conozco lo suficiente como para saber que la respuesta es un «no». Pero no lo va a decir: no puede enfrentar este rechazo. Sin embargo, va a tener que hacerlo. Y aunque esto sea precipitarla en un abismo de dolor, no voy a tener más remedio que empujarla hacia la verdad y acompañarla.

En el momento de enfrentar esta situación, Laura tenía 42 años, su hija Pilar ocho, y su esposo, Sergio, 43. Se trata de una mujer que ha pasado momentos difíciles: un padre que se fue del hogar cuando ella era muy chica y que se desentendió para siempre de su familia, y una madre depresiva que no pudo enfrentar la situación y que se abandonó sin reparar en que ponía en riesgo a sus dos hijos, a Laura, de seis años, y a Gustavo, de cuatro.

La suya fue una infancia llena de privaciones, hasta que comprendió —a los trece años— que ese no era el destino que quería para ella. Entonces consiguió un trabajo de medio tiempo, se hizo cargo de sus estudios de secundaria y también del cuidado de su hermano y de su madre. Nunca tuvo tiempo ni oportunidad para detenerse a lamentar sus pérdidas o angustiarse ante sus dificultades: «Yo tenía que seguir, porque si no, nos íbamos a morir de hambre», dijo en una sesión al recordar aquella época.

Así fue enfrentando cada uno de los desafíos de su vida. Se recibió de doctora en medicina a los 25 años, y su hermano, gracias a su ayuda, de arquitecto. Como ella suele decir: «Salí de la nada y ahora soy una mujer exitosa».

Laura se casó con Sergio, un médico que conoció durante su residencia en el hospital, y a los 34 años tuvo a Pilar, su única hija. Es una mujer inteligente, hermosa, de ánimo fuerte. Las circunstancias de la vida la llevaron a desarrollar un sentido del humor y una ironía que hicieron que nuestras sesiones fueran, aun al tratar los temas más complejos, estimulantes para ambos.

Por eso me sorprendí cuando me enteré de lo de su separación: nunca había comentado ningún tipo de malestar en su pareja. Aunque creo que también fue una sorpresa para ella.

—¿Tú aceptaste?

—Obvio. Sergio no será un galán de cine, pero tampoco es un violador. Si yo no hubiera querido, no lo habríamos hecho.

—¿Y por qué lo hiciste?

—A ver, dime, porque a lo mejor yo soy muy «rara» y no me doy cuenta, pero ¿tú nunca tuviste ganas de coger?

La miro en silencio.

—Bueno. Te aseguro que es algo muy placentero. Y además —continúa— si nunca lo hiciste con una ex, debes saber que te estás perdiendo una experiencia divertidísima…

Disimulo una sonrisa.

—Laura, hablemos en serio.

—Está bien. Pero ¿cuál es el problema si tengo sexo con Sergio?

—Que puede confundirte.

—A mí no me confunde. Yo tengo las cosas muy claras.

—Permíteme dudarlo.

—¿Puedo saber por qué?

—Porque ya hace un mes que ustedes se plantearon la separación y hasta ahora no cambió nada. ¿No te parece que es muy difícil hacerse a la idea de que las cosas son diferentes cuando en realidad todo sigue igual?

—¿Y qué debería hacer entonces? ¿Echarlo?

—No lo sé. No soy yo quien tiene que aconsejarte qué hacer. Pero tal vez puedan volver a conversar sobre el tema. ¿Quién te dice? A lo mejor Sergio cambió de opinión y tú puedes relajarte sabiendo que ya no va a «abandonarte» —me mira con una sonrisa.

—Eres un tonto.

No me hace falta ningún gesto para dar por terminada la sesión. Laura hace algunas bromas mientras nos dirigimos hacia la puerta. Pero sé que está movilizada, y también estoy seguro de que va a hablar con él.

—Listo, le dije que se fuera.

—A ver, cuéntame un poco cómo fue la charla.

—Hace dos noches, cuando nos acostamos, le pregunté si seguía con la idea de separarse. Dio un montón de vueltas, pero terminó diciéndome que sí. Y entonces le dije que lo hiciéramos de una vez por todas.

—¿Y cómo te sientes?

—Preocupada. Con esto de que yo siempre me hice cargo de todo el mundo, me angustia que Sergio no sepa ni siquiera buscarse un departamento, ocuparse de…

—Alto, Laura. Sergio es un adulto. Y tú no lo estás echando. Tienes que asumir que es él quien no quiere estar más a tu lado.

—¿Tenías que decirlo así?

—Sí, porque es la verdad, y hay que poner las cosas en su lugar, ¿no te parece? Y para eso deberíamos, antes que nada, aclarar algo.

—¿Qué?

—Dices que le preguntaste si seguía con la «idea» de separarse, ¿no?

—Sí.

—¿No te parece que la pregunta no fue la correcta? —me mira—. Digo, porque no se trata de que él tenga la «idea» de separarse de ti, sino que tiene el «deseo» de hacerlo. Y ese deseo de no ser más tu pareja es el producto de otra cosa.

Baja la mirada.

—De una falta de deseo hacia mí.

Silencio.

—Eso me lastima.

—Lo imagino.

Pausa.

—No entiendo por qué. ¿Qué hice mal? Lo apoyé en todo, trabajé a su lado, fui compañera, soy una mujer autosuficiente, independiente, que no jode, buena madre… Si ni siquiera me di el permiso de engordar en paz —bromea.

—Laura, es probable que no tengas la respuesta a esa pregunta que te estás haciendo porque estás buscando en ti la explicación de un deseo que es de él. Y esto que le pasa tal vez no tenga que ver con algo que hiciste mal, sino con sus propios procesos internos.

—¿Y qué hago? ¿Voy y le pregunto por qué tomó esta decisión?

—¿Serviría de algo?

Piensa.

—No lo sé. Creo que no. Siempre me burlé de las personas que necesitan explicar lo evidente, y creo que eso es lo que yo estoy haciendo. —Se acomoda en el sillón y mira desafiante—. Y bueno. ¿No me quiere más? Que se vaya, entonces. Toda mi vida la construí sin tenerlo a mi lado, y voy a seguir haciéndolo —se pone a la defensiva, negadora, y su comportamiento es casi soberbio—. Además, no sé cómo se va a arreglar sin mí: en esta familia, la que trabaja en serio para ganar dinero soy yo. Pero en fin, ese ya no es mi problema, ¿no?

—Laura, te noto enojada, pero creo que ese enojo no es real.

—¿Ah, no?

—No. Me parece que estás utilizando un mecanismo de defensa infantil.

—¿Cuál?

—¿Has visto que los niños, cuando les dices que no les vas a dar algo, te miran y te contestan: «Y a mí qué me importa, si igual yo no lo quería»? —Se ríe, pero se le llenan los ojos de lágrimas.

—Ya sé, soy patética.

—No, eres humana. Y a las personas estas cosas les duelen. Saber que Sergio te dejó de querer, que ya no te desea, te lastima y te angustia. ¿Qué vas a hacer? En definitiva, aunque te empeñes en disimularlo, eres una persona con emociones, como las demás. Y vas a tener que aceptarlo.

—¡Qué idiotez! —me sonríe.

—¿Y entonces?

—Quedamos en que este fin de semana se va, pero antes tengo que hablar con la niña. Porque no puede despertarse un día y nada por aquí, nada por allá: papá desapareció.

—¿Por qué tienes que hablar tú?

—¿Quién quieres que hable? ¿Él?

—¿Y por qué no los dos? —Pausa—. Quizás Pilar necesite escucharlos a ambos.

—Claro, entonces la siento y le digo: «Pilar, este señor que está aquí, que hasta ahora fue tu padre, decidió dejarnos. Por lo tanto te queremos decir que ya no va a vivir más con nosotras». ¿Así te parece bien?

—Así me parece un horror.

—Pero es la verdad. —No puede pensar claramente.

—No, no es la verdad.

—¿Cómo que no?

—No. En primer lugar, Sergio no decidió dejarlas a las dos, sino solamente a ti —me mira en silencio—. Y en segundo lugar, él no fue su padre hasta ahora. Él es su padre y va a seguir siéndolo. ¿O tienes miedo de que él haga con Pilar lo que tu papá hizo contigo? —Silencio. Aparecen algunas lágrimas.

—Ese fue un golpe bajo.

—Fue simplemente una pregunta. ¿Me puedes responder?

—No, no tengo ese miedo. Él no haría eso.

—Bueno, entonces hazte cargo de que tu hija tiene un padre mejor que el que tú tuviste y no mezcles tus pérdidas pasadas con las de Pilar. —Continúo después de unos segundos—: Laura ¿quieres que la niña salga bien parada de esta situación?

—Por supuesto.

—Entonces piensa qué es lo mejor para ella, porque en definitiva va a ser lo mejor para ti, ¿o no?

—Sí. Porque si yo la veo mal creo que me muero.

—Y… mal la vas a ver. ¿O pretendes que no le duela que su padre se vaya de su casa? No, Laura, no entres en negaciones absurdas. No puedes hacer de cuenta que a Pilar no le ocurrió nada. Y seguramente esto le va a traer aparejado algún dolor. Acompáñala lo mejor que puedas.

—¿Y cómo se hace?

No me gusta este lugar de consejero, no es lo más cómodo para un analista. Pero mi paciente lo está necesitando y, sobre todo, hay una niña que puede salir muy lastimada de esta situación.

—Como te dije, háganle ver que es una decisión de los padres de la que ambos se hacen cargo. No se echen la culpa uno al otro, porque en ese intento por justificarse ante ella la van a obligar a tomar partido, y eso le puede provocar un gran desequilibrio emocional. Porque si se ve obligada a inclinarse en favor de uno de ustedes, se va a sentir culpable por lo que le hace al otro.

—Sergio quería que le contáramos un poco lo que nos pasaba y le pidiéramos su opinión, como para no dejarla afuera de la decisión.

—Es que ella está afuera de la decisión. —Pienso unos segundos en la intervención que estoy por hacer—. Laura, odio este lugar de maestro ejemplar, pero no quiero que manejes las cosas de una manera que después te haga sentir mal. Por eso te pido permiso para darte una opinión, aunque me mueva un poco del lugar de analista.

—Por favor —parece agradecerlo.

—No hagas eso. Si ella sintiera que tuvo que ver con esta decisión, en algún momento va a pagar las consecuencias por sentirse responsable. Y eso sería muy injusto, porque ella no tiene nada que ver. ¿No te parece?

—Creo que sí.

—Bueno, ve. Y prepárate: no va a ser un momento fácil.

—No te preocupes, esos momentos son mi especialidad.

Interrumpimos la sesión y Laura se fue. Triste, pero un poco menos confundida.

—¿Hablaron con Pilar?

—Sí, ¿sabes qué dijo?

—¿Qué?

—Que la perdonáramos, que a partir de ahora se iba a portar bien. Sergio y yo no podíamos creerlo. La abrazamos y nos pusimos a llorar sin saber qué decirle.

—Y al final, ¿qué le dijeron?

—Nada. —Me mira un instante antes de hablar—. Perdóname, yo sé que me dijiste que este lugar no te gusta, pero yo lo necesito. Dame un consejo, algo, porque estoy muy confundida y no sé cómo manejar esto.

Laura ha sido una paciente que, a pesar de hablar de temas difíciles, siempre se mantuvo bajo control. Triste, agobiada tal vez, pero controlada. Esta es la primera oportunidad en la que la veo desbordada. Y no es para menos. Es muy duro para una mamá ver sufrir a su hija.

—Habla con ella.

—¿Y qué le digo?

—La verdad. Que ella no tuvo nada que ver con la separación.

—Pero claro que no tuvo nada que ver.

—Tú lo sabes, yo también, pero ella no.

—¿Cómo puede ser?

—Los niños, Laura, saben cuándo se han portado mal o cuándo han tenido algún pensamiento negativo o violento hacia sus padres. Lo registran muy bien. Y suele ocurrir que cuando algo pasa con uno de sus padres o, como en este caso, con ambos, se echen la culpa pensando que es en cumplimiento de alguno de esos deseos «secretos». Por eso es fundamental exculparlos diciéndoles que esto no tiene que ver con ellos, que son cosas entre papá y mamá, y que ustedes la van a seguir queriendo siempre. Los dos. Además, trata de que se relaje, explícale que aunque las cosas van a cambiar, la separación no implica la pérdida de los padres. Sergio va a ser tu exmarido, pero no su expapá. Díselo bien clarito. Tiene que saberlo.

Y así lo hizo. Pilar, para asombro de Laura, comprendió perfectamente la situación y se calmó.

Obviamente, la separación fue el tema excluyente de nuestras sesiones con Laura durante este periodo de análisis. Sergio rentó un departamento en Belgrano con una habitación para su hija, e inclusive fue con la niña a elegir los muebles y la decoración de ese cuarto. Pilar estaba enloquecida de contenta: saber que tenía un lugar en la casa de su padre hizo que se relajara mucho. Es más, parecía disfrutar con la situación de tener un espacio en cada casa. Ellos manejaron el tema con mucha madurez y, poco a poco, desapareció la preocupación de Laura por Pilar. En cambio, con el pasar de los meses, surgieron algunas sensaciones y temores que fueron objeto de nuestro trabajo.

—¿Por qué no, Laura?

—¿Para qué voy a ir? Me deprime ver cómo todos bailan el carnaval carioca y ponen cara de divertidos mientras sacuden una maraca con forma de mazorca. Mejor, aprovechando que la niña está con el papá, me quedo en casa, rento una buena película, pido una pizza y la paso genial. Sin nadie que me moleste. ¿Está mal?

—No lo sé, pero antes, cuando estabas con Sergio, ibas a muchas reuniones como esta y nunca te escuché quejarte. ¿Me equivoco?

—No, pero era distinto.

—¿Por qué? El carnaval carioca siempre fue igual de molesto, ¿o no?

—Sí —se ríe.

—¿Entonces?

—No sé… Bueno, ¿tanto problema porque no quiero ir a una boda?

—No, no es por eso. Pero ¿me equivoco si digo que desde que te separaste no volviste a ir a un evento social?

—Me aburren.

—¿Te aburren o tienes miedo de que te tengan lástima?

Giró su cuerpo en el diván para mirarme.

—¿Te volviste loco? ¿Lástima a mí? —Se enfureció con mi pregunta—. Por si no lo sabes soy una profesional que se destaca por sobre los demás. Me rompí el alma estudiando para que esto fuera así. Trabajo en el hospital para ayudar a los que no pueden pagar los honorarios que cobro en mi consultorio particular. Y mi agenda está tan llena de pacientes que si tú, mi analista, me pidieras un turno, tendría que decirte que no puedo atenderte, cosa que en este preciso momento haría con gran placer. Vivo muy bien de la profesión que amo, tengo una hija hermosa…

—Y no vas a las fiestas porque no tienes quién te acompañe. —Me miró fijo. Sentí que tenía deseos de matarme—. Claro —dije en un tono exagerado—, imaginas que la gente debe pensar: «A ver, ¿con quién sentamos a Laurita? Listo. ¿Qué te parece si la mandamos junto al tío Humberto, que tampoco tiene con quién venir, a la mesa de los desechables?».

Se puso de pie como movida por un resorte.

—Ah, no. Esto es demasiado, yo me voy.

—Laura, siéntate ahí un momento.

—¿Qué más quieres decirme? —pregunta mientras se sienta en el diván.

—Solo quiero que veas que te estás aislando de todos. Yo sé que hay una especie de exigencia sociocultural según la cual hay que organizar la vida en pareja. Por lo tanto, el hecho de estar sola te deja fuera de reuniones y de salidas. Es así. Siempre que te inviten a un lugar te van a preguntar con quién vas a ir. Y bueno, tendrás que decir que vas sola. Esa es tu realidad ahora. Estás sola. Me parece maravilloso que un sábado te quedes mirando una película y comiendo pizza, pero ya van muchos fines de semana que lo haces. Para ser más preciso, todos desde que te separaste. ¿Y sabes qué? No sé si es lo que deseas o si, simplemente, no te animas a reconocer ante ti misma y ante los demás que te volvieron a abandonar. —Silencio tenso—. Ahora sí, vete. Y pregúntate a quién está dirigido todo tu enojo, porque yo no te hice nada.

A la semana siguiente Laura vino a análisis y empezó a hablar de su historia con los hombres.

—La última sesión, antes de echarme, me preguntaste hacia quién iba dirigido mi enojo. ¿Te acuerdas?

—Sí.

—Estuve pensando en eso y creo que tengo una respuesta.

—Cuéntame.

—Mi rabia está dirigida a todos los hombres de mi vida.

—A ver ¿cómo es eso?

—Para empezar a mi padre. —Pausa—. Yo tenía seis años cuando él se fue. ¿Sabes cuántas veces vino a verme en veinte años? Ninguna. Nos arruinó la vida a mí, a mi hermano y a mi madre. Podría habernos pasado cualquier cosa y no se molestó siquiera en hacer una llamada. Volví a verlo cuando cumplí los treinta. ¿Sabes por qué?

—No.

—Porque yo lo busqué. Estaba por casarme con Sergio y quería que mi padre estuviera presente. Entonces lo rastreé hasta encontrarlo. Lo llamé y quedamos en vernos… No sabes lo nerviosa que estaba. Ni me acordaba cómo era. De todos modos, cuando lo vi me quise morir.

—¿Por qué?

—Porque estaba hecho mierda. Un viejo, pelado, chiquito y destruido. Y lo primero que pensé fue «¿Cómo es posible que por esta cosita yo haya sufrido tanto?». Pero verlo así me dio tanta lástima que en lugar de ofenderlo, ¿sabes qué hice? Me hice cargo de él. ¡Me hice cargo! ¿Me entiendes? De él, que en su puta vida se preocupó por si yo comía o no comía. Pero, en ese momento, ni siquiera pude sentir enojo.

—Eso no es cierto. No pudiste expresarlo, que no es lo mismo. Pero aquí está. Míralo.

—Pero ¿vale la pena?

—No lo sé, pero es así. Y no podemos negar la verdad. Es más, me parece que tú no vas a poder tener una relación auténtica con tu papá hasta que no descargues toda tu rabia.

—¿Con él? No puedo, ya te dije que me da pena.

—Bueno, hazlo aquí, como ahora. Pero date el derecho a sacar todo ese enojo contenido. Aquí puedes hacerlo, sabes que yo te escucho.

—Y… ¿qué otra te queda?

Hablamos durante un rato de su infancia y de sus padecimientos. Realmente su niñez fue terrible.

—Laura, ¿sabes qué es la «resiliencia»?

—No tengo ni la más mínima idea.

—Es un concepto que viene de la física. Se refiere a la capacidad de resistencia elástica de algunos materiales para soportar un choque y volver a recuperar la forma inicial o aun lograr una forma mejor. —Me doy cuenta de que no entiende nada de lo que le estoy diciendo. —En criollo: es la cualidad de mejorar que tienen algunos elementos al ser sometidos a condiciones extremas. La psicología adoptó este término para describir la capacidad que algunas personas tienen de enfrentar experiencias adversas, sobreponerse, y aun ser fortalecidas o transformadas para bien—. Jamás encontré un mejor ejemplo de resiliencia que el tuyo. —Escucho que suspira agradecida. Necesitaba y merecía un reconocimiento—. Pero hablaste de «los hombres de tu vida». ¿A quién más te referías?

Silencio.

—Hay algo que nunca te conté. —Mira hacia un costado. Duda—. Cuando tenía 16 años, yo estaba de novia con Martín, un amigo de mis primos de San Justo. Bueno, la cuestión es que después de un año y medio de noviazgo quedé embarazada. —En este punto del relato se angustia mucho—. Yo apenas podía conmigo, con mi hermano y con mi mamá. Estaba asustada, desorientada, y no sabía qué hacer. Así que lo llamé y me encontré con él para decirle lo que estaba pasando.

—¿Y?

—Me dijo que era muy pendejo para enfrentar semejante problema. Que hiciera lo que quisiera, pero que él no iba a hacerse cargo de nada. Además, me dijo que… —se quiebra— que ni siquiera sabía si era de él. Que se daba cuenta de que yo tenía una familia que dependía de mí y que, si por necesidad había hecho algo, no iba a juzgarme, pero que era mi problema y que por favor no lo metiera en medio… ¿Te das cuenta? El muy tonto me trató de puta. No sé cómo me contuve, pero me levanté y me fui. No volví a hablarle nunca más.

—¿Y qué pasó con el embarazo?

—¿Qué iba a pasar? —Toma aire—. Aborté. Con todo el dolor del alma, sintiéndome una basura, una mierda. Pero no me animé, no me animé —solloza.

Imagino el infierno por el que debe haber pasado aquella adolescente. La veo llorando su impotencia de los 16 años, compartiendo por fin con alguien aquella experiencia traumática. La dejo llorar un rato. Ese llanto esperó casi treinta años para salir a la luz. Y ahora estalla en mi consultorio. Conmigo como testigo silencioso.

—Laura —digo después de unos minutos—, por hoy es demasiado, ¿no te parece?

—No, espera. Porque falta el último eslabón de la cadena.

—Sergio.

—Sí. Me di cuenta de que estoy muy caliente con él. —Dejo pasar el posible doble significado de la palabra, no es el momento—. Yo luché mucho para tener una familia, para construir algo estable. Y ahora él me dice que no quiere estar más conmigo. Después de tantos años, tantos sueños, tanto esfuerzo, me sacó de su vida y me dejó sin nada.

—Laura, estás confundiendo la parte con el todo. Tú perdiste algo muy importante en tu vida, es cierto. Pero no perdiste todo. No es cierto que te quedaste sin nada. Te quedan un montón de cosas todavía, ¿no es verdad?

—Puede ser. Pero aun así me cuesta admitir que se haya ido.

—Te entiendo. Se convirtió en uno más en la lista de los que te abandonaron.

—Sí. El único hombre que no me abandona eres tú, y porque te pago.

Nos reímos. Esa sesión fue muy importante y puso en el tapete algunas cuestiones con las que trabajamos durante mucho tiempo. Su relación con Sergio siguió siendo afectiva y civilizada, pero se movió de ese ficticio lugar de «aquí no pasó nada». A él le costó aceptar este cambio, pero algún precio debía pagar por su decisión.

Un año después de su separación llegó el momento de trabajar sobre los temores de esta nueva etapa de su vida que, por cierto, no eran pocos.

—Es una salida con un hombre, Laura, solo eso. No estás obligada a nada. ¿Qué es lo que te pone tan nerviosa?

—No lo sé. Creo que tengo miedo.

—¿Miedo a qué?

—A todo. A no saber cómo seducir y que salga mal, a que salga bien y tener que avanzar. Porque el tipo me va a querer llevar a la cama, te lo firmo ya.

—¿Y eso estaría mal?

—No sé, ¿tú qué piensas?

—Que es una opción para la cual deberías estar preparada. No tienes que acostarte con alguien si no lo deseas, no hace falta que yo te lo diga. Pero hay algo que tienes que pensar.

—Te escucho.

—Laura, me parece que tienes una idea del amor un poco adolescente, y el amor entre adultos es diferente.

—No entiendo.

—Mira, cuando alguien es adolescente, primero se enamora; del vecino nuevo, de un compañero de la escuela o de quien sea. Alcanza y sobra con verlo pasar por la calle. Jamás han cruzado una palabra, pero ya lo ama. Después, si tiene suerte, lo conoce y se hacen novios y, luego de un tiempo más breve o más prolongado, tienen relaciones. En cambio, cuando se es adulto…

—Ya entendí. —Me interrumpe—. Primero coges, después si tienes suerte empiezas una relación y muchísimo más adelante, si crees en los milagros, te enamoras ¿no?

—Y sí, más o menos así…

Se ríe. Siempre se ríe mucho. Creo que ese sentido del humor, esa fuerza que saca aún de sus flaquezas, es lo que le permitió no rendirse nunca.

Laura salió con dos o tres hombres hasta que uno, Marcelo, pareció interesarle. Se vieron algunas veces y la historia empezó a avanzar.

Un día llega cabizbaja a la sesión.

—¿Qué pasa? —le pregunto.

—Ya está, se terminó todo.

—¿De qué hablas?

—De Marcelo.

—Pero todo parecía ir muy bien. ¿Qué ocurrió?

—Lo que tenía que ocurrir.

—Te acostaste con él y no te gustó.

—Peor. Ni siquiera pude hacerlo.

—¿Me cuentas?

Asiente.

—Tú sabes que a pesar de la imagen de mujer fatal que muestro, en el fondo soy una cagona.

—…

—Pero algo en él me hizo confiar. Me fui relajando. Nuestras salidas eran divertidas y las conversaciones inteligentes. Además, me besaba y me generaba un montón de cosas. Así que en el último encuentro me decidí y acepté ir a su casa.

—¿Tenías ganas de hacerlo?

—Muchas.

Hace una pausa y continúa.

—Tiene un departamento hermoso en Avenida del Libertador, con un ventanal bien grande desde el que se ve el río. No me presionó, ni se me tiró encima. Todo el tiempo se comportó como un caballero. Tomamos algo mientras charlábamos. Empezamos a besarnos.

—¿Cómo te sentías?

—En las nubes. Era una situación maravillosa.

—¿Y entonces?

—Para… estás más ansioso que él.

—Vale, sin bromas.

—Bueno, nos paramos para ir al cuarto. De fondo me llegaba una melodía en piano. Todo era tan hermoso. Pero cuando empezó a desabotonarme la camisa… se rompió la magia.

—¿Qué pasó?

—Me angustié. Se me cerró la garganta y me vinieron unas ganas de llorar incontrolables. No pude contenerme y me puse a llorar como una idiota.

—Cuéntame qué sentiste.

—Tuve miedo. Un miedo enorme a desnudarme ante un hombre nuevo, de dejarlo que me toque, que me bese y que me mire.

—¿Qué crees que fue lo que pasó? —me observa.

—Gabriel, ¿ya me viste bien? —No respondo—. Mírame y dime qué es lo que ves.

Laura es una mujer bella. De tez morena, ojos verdes, sensual y que sonríe de manera cálida. Debe medir un metro setenta y su cuerpo es atractivo.

—Laura, no importa lo que yo vea. Dime qué es lo que tú ves.

—A una mujer de cuarenta largos. Tal vez así, vestida y arregladita, disimule algunas cosas. Pero hay rastros que dejan el tiempo y la vida y que la desnudez expone con una crueldad inapelable.

—¿A qué te refieres?

—Mi cuerpo no es el mismo de cuando conocí a Sergio.

—Supongo que no. Es lo esperable.

—Sí, ya lo sé. Pero este trasero que parece tan paradito no se sostiene igual cuando me desvisto. —Pausa—. La cesárea de Pilar me dejó una cicatriz horrible, y mis pechos son los de una madre.

—También los de una mujer. Laura, ¿cuántas veces engañaste a Sergio?

—¿Qué dices? Nunca.

—Es decir que la última vez que te desnudaste ante un hombre nuevo, como tú lo llamas, fue hace…

—Más de quince años.

—Y tú pretendes que tu cuerpo esté como en ese momento. Yo sé que siempre fuiste una mujer muy exigente contigo misma. Pero esta vez ¿no se te va la mano? —Hago una breve pausa—. Laura, a lo largo de tu vida enfrentaste muchos desafíos. Muchísimos. Este es uno más. El que se corresponde con esta etapa de tu vida. Dime, ¿qué sentiste a los seis años cuando tu papá se fue y los dejó solos?

—Miedo.

—¿Y cuando a los trece golpeaste la puerta de aquel negocio para pedir trabajo, no sentiste miedo ahí?

—Sí.

—¿Y cuando a los 16 años te dejaron sola y embarazada?

—También.

—Dime, esto que tienes que enfrentar ahora, ¿es más difícil que lo que tuviste que superar en el pasado?

—No —sonríe—, esto es una tontería.

—Te equivocas. Esto es igual de difícil para ti. Y te va a generar tanto miedo como aquellas otras vivencias del pasado. Pero si hubieras sido de los que se detienen ante el miedo, hoy no serías quien eres. Andarías resentida y arruinada por la vida. Nunca permitiste que te detuviera el miedo. ¿Vas a empezar ahora? —nueva pausa—. ¿Ahora, de vieja?

Estalla en carcajadas. Creo que necesitaba distenderse. Además, estos son los caminos por los que transita su análisis. El humor, la crudeza y la ironía.

Laura empezó una relación con Marcelo y recuperó un montón de cosas a las que creía haber renunciado. Se le veía feliz y contenta. Brillaba. Su historia de amor iba viento en popa, razón por la cual Marcelo la invitó al cumpleaños quince de su sobrina para presentarla formalmente a su familia. La sesión anterior a esa fiesta me pidió hacerla cara a cara. Estaba ansiosa, verborrágica y acelerada.

—Estoy muy nerviosa. Hoy di vueltas el clóset de arriba abajo. Me probé todos los vestidos que tengo y ninguno me gusta. Tengo uno rojo que es divino, pero me parece demasiado corto para la ocasión. Y el otro que podría usar es uno negro, pero no sé… es largo, de seda, a lo mejor es demasiado formal. Encima es invierno y estoy tan blanca que parezco enferma. Y además está el tema del cabello… ¡Mira estas mechas! No puedo ir así, de modo que el sábado mismo me voy a la peluquería. Pero antes me voy a comprar un vestido nuevo. Creo que uno oscuro va mejor, más serio. Aunque, como soy morena, tal vez me endurezca demasiado los rasgos. También podría usar uno que tengo que me queda precioso, pero me lo regaló Sergio para un aniversario y me parece que no queda bien. Qué sé yo, a lo mejor a Marcelo le molesta. ¿Tú qué opinas?

La miro con gesto de no comprender mucho de lo que me habla.

—¿Sabes qué opino? —le contesto—. Que esa fiesta me parece una estupidez. Yo en tu lugar rentaría una buena película, pediría una pizza y me quedaría en mi casa sin nadie que me moleste.

Se ríe. Con el cuerpo y con el alma. Siempre nos reímos mucho. Y no por eso dejamos de avanzar.

ENTRE EL AMOR Y EL DESEO, LA INDECISIÓN

(LA HISTORIA DE MARIANO)

Ese dal fummo foco s'argomenta,
cotesta oblivion chiaro conchiude
colpa ne la tua voglia.

(Y si del humo fuego se deduce,
de este olvido se concluye claramente
culpa en tu voluntad).

DANTE, LA *DIVINA* COMEDIA.

«PURGATORIO», 33, 97-99

—No doy más. Por eso vengo a verlo. Estoy agotado. Para decirlo claramente, estoy hasta la madre.

—A ver, cuénteme un poco qué cosas lo tienen tan… ¿Cómo definiría su estado emocional?

—No sé. Extenuado, molesto…

—Yo lo noto enojado.

Piensa unos segundos.

—Está bien. Creo que esa es la palabra. Sí. Estoy enojado.

—¿Y puedo saber con quién está tan enojado?

—Con el mundo.

—Mariano, el mundo es algo demasiado amplio. ¿Por qué no trata de acotarlo un poco?

—Era un modo de decir.

—Ya lo sé. Pero es importante cómo se dicen las cosas, ¿no cree? Porque es con palabras como alguien piensa y traduce lo que siente. Y si lo que siente es que el enojo es contra el mundo, las cosas parecen imposibles de solucionar. Porque nadie puede contra «el mundo». En cambio, si puede identificar las cosas que le molestan, que pueden ser muchas, pero seguramente no serán todas, a lo mejor algo se pueda hacer.

—Bueno, está bien. —Pausa—. Estoy molesto con mi socio que es un infradotado al cual no le puedo encargar nada; con mis clientes que no entienden que yo no manejo los tiempos judiciales; con el hecho de tener que ir a tribunales; con mis papás que se ofenden si no voy a comer los domingos; con mi hermana que me dice que no me ocupo de ellos…

—Bueno, veo que el espectro es amplio.

Asiente y me doy cuenta de que tengo que intentar quitarlo de la pura queja, abrirlo hacia otro tema.

—Mariano, ¿tiene pareja?

—Sí, tengo.

—¿Hombre, mujer?

Me mira extrañado, casi ofendido.

—Mujer, por supuesto.

—¿Y cómo se siente con eso?

—Bien. Muy bien. En realidad es el único aspecto de mi vida con el que no tengo conflictos.

—Algo que no es poco. No es tan fácil sentirse pleno en pareja, ¿no?

—Claro, y menos en mi caso.

—¿Por qué? ¿Qué tiene de particular su caso?

—Pues, que yo debo complacer no a una, sino a dos mujeres.

No esperaba esa respuesta. De todas maneras, un analista debe estar preparado para escuchar cosas que no espera, de modo que no hice gesto alguno.

—Son mi ancla a tierra —continuó—, no sabría qué hacer sin ellas.

Eso dijo Mariano en la primera entrevista. Que no sabría qué hacer «sin» ellas. A lo largo del análisis cambiaría su posición al respecto, hasta el momento crucial en el cual no sabría qué hacer «con» ellas.

Conocí a Mariano justo una semana antes de que cumpliera los cuarenta años. Se recibió de abogado hacía ya más de quince y su crecimiento profesional era notorio. De hecho, en el momento de comenzar su análisis conmigo, gozaba de una excelente posición económica y, poco a poco, iba haciéndose de un nombre y empezaba a llevar adelante casos importantes.

Un año después de recibirse se casó con Débora, una mujer tres años menor que él con quien, en la actualidad, tenía dos hijos: Luciano de doce años y Ramiro de ocho.

Su relación con Débora era buena y tierna.

—Es una gran madre —me dijo en una sesión—, una compañera increíble. No podría haber encontrado una mujer mejor.

La describió como una persona bella y comprensiva. Los presentó una pareja de amigos y luego de la primera salida quedaron ambos profundamente conmovidos por el encuentro. Un año después se casaron, y al siguiente nació su primer hijo. Cuatro años más tarde tuvieron al segundo y allí «La familia Ingalls», como Mariano mismo la denominaba, quedó conformada.

Casi todas las sesiones comenzaban de manera similar. Mariano entraba en el consultorio, dejaba el saco en el perchero, se desabrochaba el último botón de la camisa, se aflojaba la corbata, apagaba el celular y lo dejaba sobre la mesa baja que nos separaba.

El celular… cuánta utilidad tendría en nuestro tratamiento.

Trabajábamos cara a cara y las conversaciones solían transcurrir en medio de las protestas permanentes de Mariano. Básicamente, se quejaba de que debía ocuparse de todo y de que no podía apoyarse en nadie.

—Es que no puedo delegar las cosas.

—¿Por qué?

—Porque nadie las hace bien.

—Nadie, excepto usted, por supuesto.

—…

—Mariano, ¿esa no es una postura un poco omnipotente? ¿No es difícil que alguien pueda ayudarlo si usted se para en ese lugar?

—Puede ser. Pero no me queda otra opción. Estoy rodeado de incapaces —decía, y seguía quejándose.

Era un paciente muy inteligente, pero no accedía fácilmente al territorio del análisis profundo. Por lo general tratábamos temas que lo desbordaban con cierta urgencia. La mayoría de las veces, laborales, aunque por momentos traía algunas cuestiones con su familia de origen.

—Mi papá ya me tiene harto. No lo soporto más.

—¿Qué es lo que pasa ahora?

—Mi hermana tiene problemas con su marido, parece que se van a separar, y a él se le ocurrió que yo tome cartas en el asunto…

—Pero ¿qué es exactamente lo que le pide su padre que haga?

—Que hable con mi cuñado. Justo a mí me pide eso. ¿Qué puedo hacer, si casi ni lo conozco? Más allá de las reuniones familiares, jamás hemos cruzado palabra. Es un imbécil. Ni de futbol podemos hablar, porque él le va al Platense y yo le voy al Boca. Pero mi papá cree que yo puedo hacerlo todo.

—Bueno, a lo mejor usted ayudó a generar esa idea.

—¿Por qué dice eso?

—Tal vez, como le ha ido en todo tan bien… tiene un trabajo bien remunerado, una profesión exitosa, una familia envidiable… No sé, a lo mejor transmite la imagen de que posee el secreto de la felicidad.

Sonríe.

—Y un poco así es. Pero apenas si me alcanza para conseguir mi propia felicidad.

De esta manera pasaban las semanas y los meses. Hablando de cosas muy puntuales, de conflictos presentes, sin entrar demasiado en cuestiones profundas. Alguna vez pensé en interrumpir el análisis, ya que no podíamos ingresar en ese ámbito oculto de su ser y sentía que él tiraba su dinero y yo malgastaba mi tiempo. Las sesiones me resultaban largas y aburridas, y debía hacer un gran esfuerzo para estar atento.

Hasta que un día, por primera vez, me pidió disculpas por no apagar el celular. Me dijo que era probable que recibiera una llamada importante. Casi de inmediato sonó el teléfono. Miró el número desde el cual lo llamaban. Lo identificó y decidió contestar.

—Perdón, Gabriel, pero tengo que atender.

—Hágalo, entonces.

Se pone de pie y se aleja un par de metros.

—Hola… sí, estoy en el psicólogo. No, no, sigue, igual puedo hablar.

Valentina, de quien jamás había hablado explícitamente hasta entonces, dijo presente.

No podía entender lo que le decía, pero era evidente que la mujer estaba enojada y, aunque yo no captara sus palabras, sí podía escuchar su tono elevado. Estaba gritando.

—Pero ¿cómo iba a imaginarme que tú ibas a estar ahí?… ¿Y qué querías que hiciera?… Estaba con los niños y… No, no… Escúchame… por favor, no me cortes… ¿Hola? ¿Hola, Valentina?

Deja el celular. Está desencajado, angustiado por primera vez desde que empezamos con el tratamiento. Se lleva la mano a la frente, mira hacia abajo y niega con la cabeza. Vuelve a sentarse. No pregunto nada. Un minuto después respira profundo y me mira.

—Estoy metido en un problema.

—¿Qué es lo que pasa, Mariano?

—¿Recuerda que en la primera entrevista yo le dije que tenía dos mujeres?

—Sí. —Obviamente que lo recordaba—. ¿Cómo no recordarlo? Es más, yo estaba esperando que hablara de esto casi desde entonces.

—Su nombre es Valentina. Pero no es cierto que yo tenga dos mujeres. En realidad no es otra esposa, no tengo un hogar paralelo. Pero sí, es una relación que arrastro desde hace seis años.

Escucho cómo lo dice. Con Valentina no tiene una relación, «la arrastra», como si fuera un peso.

—La conocí el día en que nació mi hijo Ramiro. Era la secretaria de un escribano amigo con quien teníamos algunos negocios en común. Tenía veintiún años, y si bien yo no tuve nada con ella hasta un año después, me impactó desde el momento de conocerla.

—¿Le pareció bonita?

—No, bonita es Débora. Valentina era… una loba. Si bien era muy joven, tenía una mirada… experimentada.

—¿A qué tipo de experiencia se refiere?

Me mira.

—Sexual, por supuesto.

Su voz tomó un tono diferente. Por fin aparece algo de pasión en él. De modo que decido seguir por ese camino.

—Cuénteme cómo es Valentina.

Le pido que me hable de ella con esa consigna abierta, para que él elija desde qué lugar quiere presentarla, aunque debo reconocer que yo intuía desde dónde lo haría.

—Mide un metro setenta. Es una morena impactante. Tiene un cuerpo increíble. Y una cara tan sensual, tan erótica, que la delata.

—¿Y qué es lo que delata su cara?

—Cuánto le gusta el sexo. Es una mujer increíble.

—¿En qué sentido?

—En la cama. Es extraordinaria.

—Ajá. ¿Y usted qué siente por ella?

Me mira como si le hubiera preguntado una obviedad.

—Me calienta. La deseo con todo mi ser. Como nunca deseé a nadie. Me siento un cursi. Sé que parece una frase hecha, pero es la verdad. Con ninguna mujer tuve las sensaciones que tengo con ella.

Se detiene.

—Bueno, siendo que es la primera vez que hablamos de Valentina me gustaría que me contara un poco más.

Nuevamente dejo a su elección cómo quiere seguir hablando de ella.

—Me da un poco de pudor. No sé, me parece que no corresponde, pero si no lo hablo aquí…

—…

—Valentina es casi colega suya, se recibe en diciembre. Tiene veintiocho años. Mi historia con ella empezó una noche en que salimos de una fiesta de trabajo. Me ofrecí a llevarla y cuando llegué a la puerta de la casa, me miró, me dijo que yo le gustaba mucho y me besó.

—¿Cuál fue su reacción?

—Yo no podía creer que semejante escuincla se me regalara así.

—¿Y entonces?

—Me dijo que… que me quería coger. Y bueno… yo no lo creía, no podía pensar. En cambio ella se veía tan tranquila. Era casi una niña y me estaba manejando.

—¿Y qué hizo usted, Mariano?

—¿Me lo pregunta en serio?

—Sí.

—¿Usted qué hubiera hecho?

—Eso no importa. Lo que importa es lo que hizo usted.

—Me la cogí. Eso hice… Y a partir de ese momento no pude dejar de estar con ella. La deseo todo el tiempo. Hasta cuando tengo relaciones con Débora trato de pensar que estoy con Valentina.

—¿Valentina sabe de su situación?

—Sí, claro. Y nunca tuvo problemas con eso. Pero desde hace aproximadamente un año pareciera que el hecho de que yo sea un hombre casado le empezó a molestar. No sé qué le pasó, porque no cambió nada.

—A lo mejor sí cambió algo…

—No lo entiendo, ¿qué quiere decir?

—Que tal vez no es lo mismo tener veintiún años que veintiocho. Que las expectativas de Valentina hoy pueden no ser las mismas que las que tenía cuando usted la conoció.

—Pero si estábamos tan bien.

—Usted estaba «tan bien». Se ve que ella no.

—Yo le doy todo lo que puedo.

—Sí, pero es posible que el problema no esté en lo que le da si no en lo que no le puede dar.

—¿A qué se refiere?

—Mariano, no sería nada extraño que una mujer de casi treinta años empezara a desear tener un esposo, hijos, en fin, una familia. Y usted no puede darle eso a Valentina. ¿O sí?

Su reacción es intempestiva.

—Ni loco. Yo no tendría un hijo con ella, ni sería su esposo.

—Lo dice como si hubiera algo malo en ella.

—No es que sea algo malo. Pero una esposa debe ser diferente.

Aunque suene raro en los tiempos actuales, cuando se supone que hay ciertos paradigmas que han caído, es bastante común encontrar en algunos pacientes obsesivos una marcada distancia entre el «ideal» erótico y el «ideal» familiar. Aunque debo reconocer que hasta yo mismo me sorprendí al escuchar el tema expuesto de una manera tan burda. Pero no puedo detenerme en eso: es necesario que Mariano escuche lo que está diciendo.

—¿Diferente en qué sentido?

—No importa —rehúye el tema—, la cuestión es que hoy al mediodía fui a almorzar al patio de comidas de una plaza con mi mujer y mis hijos. Y ella estaba ahí con una amiga. Casi se me para el corazón. Ninguno de los dos dijo nada. Yo me hubiera querido acercar a hablar con ella, pero no podía. Así que le dije a Débora que mejor fuéramos a un lugar más tranquilo, pero ya los chicos habían elegido una mesa, de manera que nos quedamos.

—¿Y Valentina?

—Nada. Se quedó mirando la escena unos minutos, se levantó y se fue. Y no volví a contactarme con ella hasta este llamado.

—¿Y cómo estaba?

—Enojada. Pero yo siempre le dije la verdad, ¿no?

—Sí, pero a lo mejor no alcanza con eso para que a ella no le duela lo que pasó hoy. Porque una cosa es saber algo, imaginarlo, y otra muy diferente es verlo. Quizá ser testigo de esa escena familiar fue algo demasiado duro para ella.

—Puede ser, pero…

Suena el celular. Vuelve a identificar la llamada.

—Disculpe… Hola, Valen… por favor, tenemos que hablar.

El hombre que hablaba con tanta firmeza acerca de que nunca iba a darle a Valentina lo que quería no se parecía en nada a este que estaba escuchando ahora. Era un Mariano dulce, asustado, que buscaba hacerse perdonar.

—Vale… Claro que quiero… Sí, sí… Yo salgo en unos minutos… Me parece bien. En una hora ahí… Un beso.

Suspiró.

—Bueno, al menos bajó un poco los decibeles. Creo que va a entender.

—Puede ser que sí. Después de todo, no es algo tan difícil de entender. Lo que no sé es si, más allá de que lo entienda o no, ella podrá renunciar a sus deseos. Y no me refiero a los sexuales, sino a los otros.

—No lo sé… ya veré… pero al menos estaba más calmada. Me parece que pasamos la tormenta.

No puede escuchar. ¿Entonces para qué hablar? Doy por terminada la sesión, cosa que parece agradecerme. Quiere irse ya mismo para arreglar el tema con Valentina. Esta vez lo va a conseguir. Pero el equilibrio había empezado a romperse. Y ese proceso, yo estaba convencido, iba a continuar.

Dada la proverbial habilidad de Mariano para escaparse de los temas, la sesión siguiente no habló de lo sucedido, hasta que su celular vibró. Recibió un mensaje de texto.

—Es de Valentina —me dijo.

Lo respondió y yo aproveché que él la introdujo al espacio analítico y le pregunté acerca de lo sucedido luego del conflicto de la semana anterior.

—Al final pude manejarlo.

—¿De qué manera?

—Bueno, la dejé hacer su catarsis, la escuché despotricar durante un rato y tuve que hacer algunas concesiones.

—¿Cuáles?

—No muchas. Compartir con ella algunos espacios públicos, algunos amigos…

—Mariano, ¿usted es consciente de lo que dice?

—Sí, pero no se preocupe. Yo voy a saber manejarlo.

—No, yo no me preocupo. Aunque, quizás, el que debería preocuparse es usted. Pero bueno, si está tan seguro de poder manejar la situación, no tengo nada que decir. Solamente me gustaría hacerle una pregunta.

—Dígame.

—Mariano, sería una necedad no reconocer que algún riesgo de ser descubierto, por mínimo que fuera, usted está decidiendo correr. Y, si ese riesgo mínimo se concretara, estaría poniendo en juego toda su estructura familiar. Entonces, la pregunta es ¿qué es aquello tan fuerte que Valentina le da como para que usted arriesgue todo lo que emocionalmente ha construido en estos años?

Silencio.

—Gabriel, a mí me gusta mucho el sexo. Soy un hombre fantasioso, abierto.

—¿Y bien?

—Yo con Valentina puedo tener un sexo sin límites, usted me entiende.

—No sé si lo entiendo. Por qué no me lo explica…

Suspira quejoso.

—Me cuesta ser explícito. Me parece un poco morboso.

—No le estoy pidiendo detalles, solo me interesa que diga qué es lo que encuentra sexualmente en Valentina que no puede encontrar en Débora.

—Son dos cosas diferentes —parece enojarse.

—Mariano… no son dos cosas, son dos mujeres. Digo, porque puede ser complicado tratar a las personas como «cosas».

—Es que allí está el tema. Yo a Valentina puedo tratarla, aunque sea de a ratos, como si fuera una cosa. Una cosa destinada a darme placer. Algo que no puedo ni quiero hacer con Débora.

—¿Y qué es tratarla como a una «cosa»?

—Pues… pedirle, no sé, que se ponga un liguero, que se masturbe delante de mí y me permita mirarla —le cuesta hablar del tema, en el fondo, es un obsesivo conservador— que hagamos un trío…

—Bueno, pero si tanto le gustan los tríos, ¿por que no invita a su mujer?

Me mira descolocado. Como si yo hubiera dicho una injuria.

—Es la madre de mis hijos.

Pausa.

—¿Adoptados?

—No —responde sorprendido.

—Ah, entonces los hicieron cogiendo.

Mueve la cabeza molesto.

—Gabriel, usted me está molestando ¿no? Se imaginará que no puedo pedirle esas cosas a mi mujer.

—¿Por qué no? ¿A ella no le gustan?

—¿Y cómo voy a saberlo? Jamás se lo preguntaría. Sería ofenderla.

—¿Por qué cree que sus deseos pueden ofenderla? Ella podrá compartirlos o no, acceder o no, pero ofenderse… ¿No es demasiado? ¿Quién lo dice? A lo mejor, también Débora tiene sus fantasías.

Mariano no dice nada, pero percibo que está furioso conmigo. Como si yo estuviera agrediendo a su esposa.

—Débora es una mujer con mayúsculas.

—Claro, y Valentina es una putita con minúsculas ¿no? —Se queda callado. Me mira fijo. Dejo pasar unos segundos y continúo—. Y uno a las mujeres tiene que respetarlas, darles un hogar, hijos, cuidarlas y mantenerlas. En cambio a las putitas hay que cogerlas, disfrutarlas, compartirlas, degradarlas y tratarlas como si fueran cosas, ¿no?

—…

—Mariano, hay algo en lo que usted piensa que no está del todo desacertado. El amor necesita de una cierta idealización. Alguien tiene que poder creer que la persona que ama es la mejor, es noble, compañera, buena madre, única y maravillosa. Y usted pudo idealizar así a Débora. El erotismo, por el contrario, requiere de la posibilidad de degradar a la otra persona, aunque sea de a ratos como usted dijo, y convertirla en un objeto de deseo. Si se quiere, hasta parcializarla.

—¿Parcializarla? No entiendo.

—Claro, percibirla por partes. No es, como en el caso del amor, una unidad, una gran mujer. No. Es diferente. Está partida. Tiene unos pechos enormes, un trasero precioso, una boca sensual. Es decir que no la toma como una totalidad, sino como si se tratara de una zona erógena, o una suma de ellas. Y usted pudo hacer eso con Valentina. Eso que es tan necesario para poder desear a alguien.

—¿Y entonces qué es lo que está mal?

—Usted está mal. Se siente inseguro y confundido y justamente en este ámbito en el cual, según me dijo en la primera entrevista, no había ningún conflicto.

—¿Pero… por qué?

—Mariano, por lo que me ha contado hasta ahora, pude deducir que, desde que Débora quedó embarazada por segunda vez, se transformó para usted en madre y representante de la imagen familiar, y ya no se la pudo coger más. Solo pudo «hacerle el amor» de manera tierna. Y me parece que ahí está la cuestión. En el modo en el cual usted maneja su deseo. Fíjese. Para armar una familia le quitó a su relación de pareja todo contenido erótico. Separó tanto al deseo del amor que ahora la pregunta es ¿cómo puede vivir plenamente su sexualidad y tener al mismo tiempo una familia?

—No sé qué responderle.

—Veamos. Hay algunas alternativas posibles.

La primera es la que estuvo sosteniendo hasta ahora, es decir, tener una mujer y una amante. Otra es ser fiel y renunciar a la sexualidad, reprimirse. Una tercera sería satisfacerse de un modo autoerótico. Pero hay una más interesante y, a lo mejor, más sana. La que consiste en erotizar su relación con Débora, o afectivizar la que tiene con Valentina. Pero yo me pregunto, ¿puede hacer esto?

—No lo sé. No me imagino cómo hacerlo.

—A lo mejor podría cuestionar ciertos preconceptos, ciertos ideales que usted tiene y que lo han conducido a esta situación.

—Gabriel, ¿qué debo hacer?

—No lo sé. Pero me parece que el desafío que se le presenta ahora es averiguar si tiene o no la posibilidad de amar y desear a una misma persona. De idealizar y «degradar» a una misma mujer. Hasta ahora no pudo. ¿Y qué hizo? Necesitó de dos mujeres para hacer, entre las dos, una. Yo no sé cómo se sentirá su mujer con el hecho de que usted no pueda degradarla, pero sí le aseguro que, a la luz de lo ocurrido últimamente, deduzco que Valentina se cansó de ser solamente su objeto de deseo, su cosa, y pide ahora un reconocimiento diferente de su parte.

—Es decir que lo que me está pidiendo…

—Sí… es que la ame.

Silencio.

—¿En qué está pensando, Mariano?

—En que no sé si le dije a usted la verdad.

—Explíqueme por favor.

—Sí. Que no sé si las concesiones que acepté son tan pequeñas.

—A ver. Cuénteme.

—Antes de llegar aquí me sonó el celular —otra vez el celular—. Era Valentina. Me dijo que sus padres llegan este viernes de Tandil a visitarla. Y que quiere que salgamos a cenar los cuatro.

—¿Y usted le dijo que sí?

—Sí. Había pasado muy poco tiempo desde la pelea. Si le decía que no, tal vez se iba a enojar. Pero yo no sé si quiero ir.

—Mariano, no se engañe. Usted sabe perfectamente que no quiere ir. Lo que no sabe es cómo hacerlo sin que Valentina se enoje.

—¿Entonces?

—Entonces debe decidir entre hacer lo que quiere, al costo del enojo de su amante, o pagar con su presencia un día más de calma. Y digo un día más porque sospecho que esto no acaba aquí, con este pedido.

—Pero si no voy… creo que la pierdo.

Silencio.

—¿Usted ama a esa mujer?

—No.

—Entonces piénselo muy bien, porque cada movimiento que haga en dirección a las demandas de Valentina, va a alimentar en ella la ilusión de que a lo mejor usted pueda darle algo que, según me dice, no está dispuesto a dar. Y si es así, ¿para qué ilusionarla en vano?

—Porque la deseo mucho y no quiero perderla.

—Entonces vaya y hágase cargo de las consecuencias que su egoísmo pueda tener para ella, para Débora y para usted.

Silencio.

—Me está haciendo mierda. Usted me dijo que jamás iba a juzgarme.

—Mariano, no lo estoy juzgando. Se lo aseguro. Simplemente le estoy describiendo, tal vez de un modo crudo, lo admito, cuál es su realidad en este momento para que decida con madurez lo que va a hacer.

—Es que yo quiero conservar las cosas como estaban hasta ahora.

—Ya no creo que pueda. Me parece que llegado este punto, algo va a tener que perder. Decida usted qué.

Interrumpí la sesión y Mariano se fue.

Sé que mis intervenciones lo angustiaron mucho. A veces los analistas debemos hacerlo. Yo sabía que había sido muy dura la sesión para él, pero no podía evitar analizar estas cuestiones. Su vida estaba en una encrucijada. Y él tenía que resolver cuál de los caminos iba a tomar.

El viernes, tres días después, a eso de las ocho de la noche me llamó por teléfono. Estaba desencajado, con una angustia descontrolada. Me pidió si podía verme, a lo cual accedí inmediatamente. A las diez en punto dio comienzo la sesión. Se sentó frente a mí y se puso a llorar.

—Cómo pude ser tan tonto… por Dios… no puedo creerlo —dijo entre sollozos.

—¿Qué pasó, Mariano?

—El celular… este puto celular.

—¿Qué ocurrió con el celular?

—Hoy, hace menos de cuatro horas volví a casa después de trabajar y me fui a bañar. Hoy es el día en el cual debía cenar con los padres de Valentina. Antes de entrar en la ducha dejé el celular sobre la cama… y me olvidé de apagarlo.

—Continúe.

—Cuando salí del baño fui al dormitorio a vestirme. Débora me estaba esperando. Alcanzó el celular y me dijo: «Toma. Tienes un mensaje. Léelo, yo ya lo hice».

—¿Era un mensaje de Valentina?

—Sí. Aún no lo borré. Mire.

Me acerca su teléfono. Allí se leía: «Amor, mis papás estarán en casa a eso de las diez. Trata de llegar un rato antes. Te quiero. Valentina».

Le devuelvo el celular.

—Ya se imaginará.

—Mejor dígamelo usted, ¿qué pasó?

—Ella se quedó parada delante de mí mientras yo lo leía. La miré fijo a los ojos y pensé cómo arreglaba ese desastre. Qué excusa poner. Pero en ese momento ella habló primero. Estaba calmada, casi a punto de llorar, con los ojos rojos, pero tranquila.

—¿Y qué le dijo?

—Me pidió que pensara muy bien lo que iba a decirle. Que en el mensaje no figuraba mi nombre, con lo cual podía yo restarle importancia y decir que era un mensaje equivocado, o que era una broma. Que la verdad era que esa noche yo iba a ir a la reunión de egresados de la secundaria, tal cual le dije, y que no conocía a ninguna Valentina. Que en ese caso ella iba a reflexionar si elegía creerme o no. Pero que por favor no le faltara el respeto. Que no hiriera su dignidad tratándola como a una estúpida. Que me tomara el tiempo que necesitara, pero que lo que dijera iba a ser definitivo. Se fue a la cocina y me dejó solo.

—¿Y usted que hizo?

—Me vestí, lo llamé a usted y me vine para acá sin siquiera saludarla. Estuve dando vueltas esperando que se hicieran las diez y tratando de pensar.

—¿Y tomó alguna resolución?

—No. No pude decidir nada.

—Eso no es cierto.

—¿Qué quiere decir?

Miro el reloj. Han pasado quince minutos de las diez de la noche.

—Quiero decir que hace más de media hora que usted debería estar en casa de Valentina… y sin embargo está aquí.

Llora. Lo dejo desahogarse en silencio unos cuantos minutos. Por fin decido hablar.

—Mariano, sé que en este momento usted siente que el mundo se le vino encima, pero ¿quiere que le diga algo? Usted generó esta situación. —Me mira asombrado—. Sí. Estoy convencido de que hace mucho tiempo que quería encarar este tema y resolverlo, pero no se animaba, entonces dejó que el celular lo hiciera por usted.

—¿Qué? —pregunta asombrado.

—Sí. Primero dejándolo encendido para recibir la llamada de Valentina en mi presencia, en plena sesión. Obviamente no íbamos a poder escapar del tema. Entonces, aunque de manera inconsciente, eligió esa metodología para que yo me enterara de la existencia de Valentina y de lo problemática que se estaba volviendo la situación. La sesión siguiente, a pesar de su resistencia a hablar del tema, aquel mensaje de texto volvió a traer la cuestión al análisis. Una sesión muy jugosa, debo reconocer, en la cual hablamos de su dificultad para amar y desear a una misma persona. Y por último esto que ocurrió hoy.

—¿Qué quiere decir… que el teléfono lo olvidé prendido a propósito?

—Sí y no. No desde lo consciente, pero sí desde su deseo inconsciente de terminar con esto. Es lo que se llama un «acto fallido», una manera de hacer algo que conscientemente no puede hacer, de manifestar un deseo que va más allá de su posibilidad de enfrentarlo. Usted no solo lo olvidó prendido, sino al alcance de Débora, después de una sesión tan movilizante como la del martes pasado y justo antes de dar un paso fundamental como el de presentarse oficialmente ante la familia de Valentina. ¿Quiere que le diga la verdad? Sí. Creo que lo hizo a propósito… ¿No opina usted igual?

Silencio.

—El tema de Valentina se me fue de las manos. Yo no quería esto… y no estoy dispuesto a perder a mi familia. Aunque tal vez ya es tarde.

—Mariano, Débora le dio tiempo. Usted decidió compartir ese tiempo conmigo. Bueno, utilicémoslo para pensar. ¿Qué va a hacer?

—No lo sé.

—¿Usted ama a su esposa?

—Con toda mi alma.

—Entonces escúchela. Ella le pidió que la tratara con dignidad. Creo que se lo merece.

—¿Y qué hago, le cuento la verdad?

—Haga lo que quiera. Pero si me permite una opinión, y aclaro que es solamente eso, una opinión, creo que en ciertas situaciones, no hay mejor opción que la verdad.

Charlamos un poco más sobre el tema. Mariano decidió ir a su casa y hablar con su mujer. Decirle la verdad. Omitiendo, por supuesto, los detalles morbosos de la situación. Ella lo escuchó, le preguntó por qué, lloró mucho y, al final de una larga noche, decidieron darse una nueva oportunidad.

En el transcurso de ese tiempo conocí a Débora, ya que ella le solicitó a Mariano autorización para acompañarlo a algunas sesiones. Y él accedió gustoso. Era una mujer realmente hermosa, muy atractiva e inteligente. Y si bien este era el espacio analítico de Mariano, durante casi dos meses vinieron juntos. Hablaron de muchas cosas, pero sobre todo, se escucharon.

Hasta que una noche ella apareció sola en el horario de sesión.

—Mariano no ha llegado aún.

—Ya lo sé. Le dije que quería venir sola. Hablar con usted. —Yo iba a decir algo pero me interrumpió. —Ya sé que no es lo más común, pero él estuvo de acuerdo, de modo que si no se opone, le ruego que me permita pasar.

Así lo hice.

—Débora, imagino que usted tendrá muchas dudas, muchas fantasías, pero sepa que yo tengo un secreto profesional que mantener y no voy a poder responder a las preguntas con respecto a su marido.

Sonrió.

—No, Gabriel. No es de él de quien quiero hablar, sino de mí. Ya sé que usted no puede ser mi analista. Es más, me gustaría que después de esta charla, que será la última que tendré con usted, me canalizara a alguien de su confianza. Pero hay cosas que quiero decir. Y creo que se lo debo.

—¿A su esposo?

—No. A usted.

Silencio.

—Hace tiempo que yo me di cuenta de que la relación con Mariano no estaba bien. Nuestra vida sexual empezó a estar cada vez más acotada, más condicionada.

—¿Condicionada por qué cosas?

—Básicamente por Mariano. Él cada vez ponía más frenos, más peros.

—¿Me está diciendo que buscaba excusas para no tener relaciones?

—No. Le estaría mintiendo si le dijera eso. Pero más o menos. Nuestras relaciones empezaron a hacerse cada vez más previsibles, sin juegos, sin sorpresas. Yo comencé a sentir que él ya no podía verme como a una mujer.

—¿Y en qué momento esto empezó a ser así?

—Casi desde que nació nuestro hijo menor. —El día en que conoció a Valentina—. Yo también fui responsable, porque no dije nada. Y fui convirtiéndome cada vez más en la madre de sus hijos y dejando de ser su mujer.

Silencio.

—¿Y qué hizo con su deseo?

Silencio.

—Eso es lo que siento que le debo, Gabriel. Usted ha hecho mucho por nosotros. Yo ya no voy a venir más a verlo. Creo que debo iniciar mi propio análisis. Pero antes necesitaba que usted supiera toda la verdad.

—La escucho.

—Gabriel, no es Mariano el único con deseos sexuales en esta familia. Yo también los tengo. A mí también me gusta coger.

Me mira a los ojos cuando lo dice. Quiere mostrarse como hembra. Y yo le sostengo la mirada. Seguramente hace tiempo que esconde esta faceta de su vida. Tiene derecho y ganas de mostrarla.

—¿Entonces?

—Hace tiempo que la mayor actividad sexual de mi vida es masturbarme. Y fantasear… siempre con Mariano. Casi parece una broma esto de tener que imaginar que tengo sexo con el hombre que duerme cada noche a mi lado. Pero ha sido así. Hasta hace más o menos un mes.

—¿Qué ocurrió hace un mes, Débora?

—Me encontré con un hombre con el cual salí de soltera, un amigo de mi hermano.

—¿Y qué pasó?

—Al principio solo llamadas telefónicas. Largas charlas. Estoy mucho tiempo sola, de modo que puedo hablar tranquila. Y casi sin darme cuenta empezamos un juego de seducción que me hizo sentir cosas que hacía mucho tiempo no sentía. Me da vergüenza hablar de esto.

—¿Se acostó con él?

—No, pero casi.

—¿Deseaba hacerlo?

—Muchísimo.

—¿Y qué la detuvo?

—Que yo no amo a ese hombre. Yo amo a Mariano. Simplemente necesitaba sentirme deseada, saber que aún podía excitar a alguien. Que no dejé de ser una mujer. Pero justo cuando debía concretar... no pude.

—¿No pudo hacerle eso a su esposo?

—No. No pude hacerme eso a mí. Entonces decidí cortar eso que nunca empezó y esperar la oportunidad para hablar con Mariano de lo que me estaba pasando.

—Y el mensaje de Valentina le dio esa oportunidad.

—Sí. Aquel mensaje me impactó, me enojó, me angustió. Pero también me permitió plantear lo que nos estaba pasando. Mariano se acostó con esa chica. Yo casi me acuesto con aquel hombre. ¿Cuál es la diferencia? Yo no soy mejor que él.

—Tal vez no se trate de saber cuál de los dos es mejor o peor. Cada uno de ustedes manejó el tema como pudo.

—Así es.

—¿Y ahora?

—Ahora habrá que pelear por esta familia.

—Puede ser. Aunque, también podría pensar que en lugar de pelear por la familia, a lo mejor llegó el momento de pelear por la pareja, ¿no le parece?

Me sonrió.

—Ojalá tengan mucha suerte —le dije y nos despedimos.

Mariano ha seguido trabajando mucho en este tiempo de análisis. Ya casi nada queda de aquellas sesiones tediosas y superficiales. Ha cuestionado sus modelos, su familia de origen y los temores que le traía aparejado el hecho de estar casado con una mujer y no con una madre.

Débora comenzó a analizarse con un profesional de mi equipo.

Han pasado diez meses desde el episodio del celular, aquel que los obligó a desvelar una verdad dolorosa y que les dio, al mismo tiempo, la posibilidad de intentar torcer el rumbo de su pareja.

No sé si podrán o no lograrlo. Están trabajando duro para conseguirlo.

Este es un presente difícil para ambos y lo están atravesando con esfuerzo y con dolor.

Y es que a veces, no hay otra manera de construir un destino mejor.

LA DAMA DE LOS DUELOS

(LA HISTORIA DE AMALIA)

¿Dónde estaba Dios cuando te fuiste?

E. S. DISCÉPOLO

Amalia es una mujer fuerte, a la que le ha tocado enfrentar cosas muy difíciles. Sin embargo, hoy se dejó caer sobre el sillón destruida, como si de un golpe le hubieran arrancado la vida.

—Amalia, cuénteme por favor qué ocurrió.

Me mira con los ojos llenos de lágrimas. Le cuesta hablar, casi balbucea entre sollozos.

—Mi hija, Romina.

—¿Qué pasa con ella?

—Le descubrieron un cáncer —dice, y estalla en un llanto angustiado.

Quiero mucho a esta paciente. No quisiera causarle ni el más mínimo dolor. Pero no puedo evitarlo. Ha llegado el momento. Junto coraje y, muy a mi pesar, sabiendo que la voy a lastimar, le digo:

—La felicito. Debe de estar usted muy contenta.

Levanta los ojos y me clava la vista. Yo le sostengo la mirada. Para mí es un momento muy incómodo. Amalia se queda en silencio un rato largo. Me parece que no puede creer lo que le dije. De a poco su actitud va cambiando. Ya no me mira con asombro, sino con odio.

—Rolón, usted es un hijo de puta.

Tiene razón. Pero a veces, al analista no le queda otra opción.

La muerte es incomprensible, injusta, y el dolor que ocasiona a los que sufren la pérdida de un ser querido es, siempre, tan grande y tan profundo que la propia vida parece haberse ido con la persona muerta. El mundo se ensombrece y todo lo que nos importaba pierde su valor. Recuerdo que, siendo yo muy chico, mi padre intentaba prepararme para enfrentar su muerte.

—Algún día me voy a morir y vas a tener que seguir viviendo —me decía.

Yo tendría seis o siete años, y no recuerdo un dolor más grande que el que sentía en aquellos momentos. Un dolor vivido totalmente en vano, porque mi padre no pudo —nadie hubiera podido—, prepararme para que cuando llegara el instante tan temido, yo sufriera un poco menos.

La muerte de un ser amado nos arroja a ese territorio del sin sentido, allí donde no habita palabra alguna que pueda explicar, aunque más no sea de un modo torpe e incompleto, lo que ocurrió.

Saber que no vamos a escuchar más su voz, que no lo veremos nunca jamás, que nos vamos a despertar llorando al tomar contacto con la vigilia y comprender que haber estado a su lado no fue más que una ilusión nocturna, que el día llegó y con él la realidad más cruel: la persona amada no está. Como decía Borges: «Ya no es mágico el mundo, te han dejado».

En nuestra práctica clínica el duelo es algo de todos los días. Se instala en el consultorio de un modo inapelable y deja a los pacientes con una sensación de impotencia que es muy difícil de manejar. El duelo se adueña de todo su ser y de lo que ocurre en el análisis. Por ende, se adueña también de nosotros.

Cuando estudiaba leí, no menos de veinte veces, en diferentes materias, el texto *Duelo y melancolía*, de Sigmund Freud. Creía saberlo casi de memoria. Sin embargo, mi práctica clínica me enseñó que ni toda la literatura del mundo puede dar cuenta del impacto que sentimos al tenerlo frente a nosotros. Y aprendí, además, que no todos los duelos son iguales. Que no deberíamos hablar del duelo, sino de los duelos. Diferente para cada paciente y, aun en la misma persona, diferente para cada pérdida.

Esta historia empieza en Buenos Aires. Más precisamente, en Avenida de Mayo al 800. Eran casi las doce de la noche de un martes caluroso del mes de diciembre de 1998. Yo me preparaba para empezar el programa de radio en el cual trabajaba. Estaba apoyado en la barra del Gran Café Tortoni, lugar desde el cual transmitíamos, hablando con uno de los meseros.

De pronto se me acerca una mujer de baja estatura, morena, muy elegante y me pide un minuto para hablar conmigo. Accedo y mantenemos un breve diálogo.

—Rolón, disculpe que lo moleste, sé que ahora tiene la cabeza puesta en otra cosa. Pero quisiera hacer una consulta profesional con usted.

—Cómo no.

Empecé a hurgar en mis bolsillos buscando una tarjeta. Encuentro una y se la ofrezco.

—Gracias, pero prefiero anotarlo en mi agenda si no le molesta.

—De ninguna manera —le respondí amablemente y le pasé el número.

—En enero me voy de vacaciones, pero a la vuelta lo llamo para arreglar un encuentro.

—Cuando quiera —respondí sonriendo.

Algo en aquella mujer me cayó bien. Si bien se le notaba un poco nerviosa, se había acercado con decisión y mucho respeto. Detrás de ella, a unos cinco metros de distancia, dos jóvenes miraban la escena. Después me enteraría de que eran sus hijos.

Se quedó a ver el programa y a la salida nos saludamos.

—Mire que lo llamo —me dijo a modo de despedida.

—Bueno, la espero entonces.

Pero la verdad es que no estaba seguro de que fuera a llamarme. Llegado a este punto me siento en la obligación de confesar algo. También los psicólogos, o al menos yo, corremos el riesgo de caer en pensamientos prejuiciosos. Y así como la gente tiene un estereotipo del psicoanalista, a veces también nosotros tenemos un estereotipo del paciente y, en el caso particular del Psicoanálisis, imaginamos a una persona de entre veinticinco y cincuenta años, estudiante o profesional, con algunas características que reafirmen la imagen del «buen analizante».

Amalia no encajaba en ese modelo. Por el contrario, parecía un ama de casa más dedicada a su esposo y a sus hijos que a la disposición analítica.

Me equivocaba. Y qué grande iba a ser la sorpresa que, como paciente, esa mujer iba a darme.

Pasaron casi dos meses cuando me llamó a mi consultorio.

—Hola, ¿Rolón?, soy Amalia.

Silencio de mi parte. Ni siquiera le había preguntado el nombre aquella noche, casi ocho semanas atrás, de modo que busqué infructuosamente en mi memoria tratando de unir el nombre y la voz. Pero, como en muchas futuras ocasiones, ella me lo hizo fácil.

—¿Me recuerda? Le pedí su teléfono hace unas semanas en el Café Tortoni.

—Ah, sí, claro. Discúlpeme. ¿Cómo está?

—Bien, gracias. Llamo para ver si podemos concretar una entrevista.

—Sí, por supuesto. Déjeme ver en la agenda. A ver… ¿qué le parece el miércoles a las diez de la mañana?

—A la hora que usted diga.

Firme. Con determinación. Con un estilo claro y concreto. Esas características de su personalidad que tan bien llegaría a conocer con los años.

—Bueno, nos vemos el miércoles entonces.

—Gracias, Rolón. Allí estaré.

Suele ocurrir, al comienzo, que la gente me llame por mi apellido, pero por lo general esto cambia a partir de la primera entrevista y salen del consultorio llamándome por mi nombre. Pues bien, no es este el caso de Amalia.

A pesar de los años que llevamos trabajando juntos y del gran cariño que nos tomamos el uno al otro, ni una sola vez ha dejado de llamarme por el apellido.

Incluso, cuando no concuerda con alguna de mis intervenciones, una de sus frases preferidas es: «Déjeme de joder, Rolón».

Amalia tocó el timbre de mi consultorio exactamente a las diez. Según me dijo, llegó unos minutos antes, pero esperó la hora convenida para llamar a mi puerta.

Traía un libro en la mano. Intenté ver de qué se trataba. Siempre ayuda saber cuáles son los intereses de un posible paciente. Ella captó mi mirada y al sentarse frente a mí lo colocó de manera tal que yo pudiera ver claramente la tapa del libro que estaba leyendo: *Los mitos de la historia argentina*, de Felipe Pigna.

—¿Le gusta la historia? —le pregunté.

—Sí, claro. No dejan de asombrarme las cosas por las que ha pasado nuestro país. Y no entiendo cómo hay tipos a los que en vez de incinerarlos públicamente para que todo el mundo sepa lo que hicieron, encima los honramos poniendo sus nombres en las calles.

Insinué una sonrisa y empecé a hacerme una idea de su personalidad. Temperamental. Apasionada. Es increíble cuánto nos sirven las primeras impresiones que recibimos de los pacientes. Por eso, siempre estoy especialmente atento a estos contactos iniciales.

Cuando recibo por primera vez en mi consultorio a una persona, lo que tengo delante es un enigma. Debo tratar de tener la mente abierta, de estar receptivo, de no influir demasiado sus dichos con mis intervenciones, e incluso de cuidarme de qué y cómo digo lo que digo.

Es sabido que los analistas no proponemos un tema, y menos en la primera entrevista. Dejamos que los propios consultantes (aún no hablamos de pacientes) desplieguen lo que traen. Pero no es menos cierto que hay muchas maneras de hacerlo. Algunos profesionales simplemente los miran y esperan en silencio. Otros los invitan a hablar con frases asépticas que no lo condicionen: «Muy bien», «Usted dirá» o «Lo escucho», por ejemplo.

Yo prefiero, aunque sin proponer tema alguno, demostrarle inmediatamente que me importa lo que le ocurre y que estoy atento y con la mejor voluntad de ayudarlo. Prefiero, entonces, frases que no conduzcan el diálogo, pero que sí le transmitan a la persona, desde el comienzo, un compromiso de mi parte. Que sepa que no es un número, que registro su nombre, que para mí es una persona única y que me importa y mucho ayudarla.

—Bueno, Amalia, cuénteme por favor lo que le está pasando.

Así comencé mi primer encuentro con ella. Y si bien, como dije, la mente está abierta para escuchar lo que el otro quiere comunicar, a veces es inevitable hacerse una idea anticipada a partir de lo que la persona nos transmite en la primera impresión.

En este caso, esperaba escuchar cuestiones referentes a la crisis generacional con sus hijos, o el conflicto interno de «no saber qué hacer» ante una posible jubilación y, por qué no, algún estado depresivo generado por esta situación.

Otra vez me equivocaba.

Amalia tomó el libro, lo puso a un costado sobre el escritorio, me miró a los ojos, y comenzó a relatarme una triste y hermosa historia de amor.

—Conocí a Julio siendo muy chica. Tendría catorce o quince años y él era ya un hombre de treinta. Delgado, elegante, hermoso y extremadamente mujeriego. —Me mira—. No sabe cómo le gustaban las mujeres. Pero claro, yo era una niña en ese momento.

»Como su familia estaba ligada a la mía por cuestiones de amistad, solía verlo en distintas reuniones sociales: cumpleaños, Navidad, Año Nuevo… Jamás lo vi acompañado por alguna mujer, nunca presentó una novia —se sonríe—. No se comprometía con ninguna para poder salir con todas.

—¿A qué edad empezó a gustarle Julio?

—Desde el primer día. Lo vi, y supe que ese sería mi hombre. Lo sentí aquí, en el pecho. —Le cuesta hablar por la emoción—. Me lo presentaron y me puse pálida. Me sentí impactada, conmovida. Casi ni pude saludarlo.

—¿Y él?

—Años después me confesó que al verme pensó: «Qué linda la morena. Lástima que sea tan chica». Y efectivamente, yo era muy jovencita.

—Bueno, pero como dice el refrán: «La juventud es una enfermedad que se cura con el tiempo».

Me mira.

—Sí. Y para qué se curará uno, ¿no? Con lo lindo que es ser joven. —No lo dice como una frase hecha. Me doy cuenta de que hay algo en este tema que la moviliza.

—La verdad es que sí. Pero también es cierto que en todas las edades se pueden encontrar cosas que gratifiquen, ¿no cree?

—¿Usted me está hablando en serio?

—Sí, por supuesto.

—Déjeme de joder, Rolón. ¿Para qué quiere uno llegar a viejo? Andar dando lástima por ahí. Siendo una carga para los hijos. De ninguna manera. Por eso yo digo: «Qué bien lo hizo Julio». Vivió hasta que quiso y se fue. Joven, fuerte, sin pasar por toda la degradación de la vejez. Fue tan inteligente…

—Pero se podría haber quedado un poco más a su lado, ¿no?

Se le llenan los ojos de lágrimas.

—Él está a mi lado. No se va ni un segundo de mí. Ese es mi problema. Por eso vengo. Porque necesito dejar de ser tan egoísta.

—¿Egoísta?

—Sí. Porque él hizo lo que quería. Pero yo me siento mal por extrañarlo tanto y todo el tiempo. Y —se interrumpe por el llanto— odio que me pase esto, pero no puedo ni nombrarlo sin quebrarme y ponerme a llorar. Y no sé por qué. Si yo sé que donde está ahora, está mejor.

—Bueno, a lo mejor la que no está mejor es usted.

—Seguro. Pero dígame, ¿no es eso un acto de egoísmo?

—Y si fuera así, ¿qué tendría de malo?

—…

—Amalia, ¿está mal que usted quiera que la persona que ama esté a su lado todo el tiempo posible?

—No. Pero hay que saber aceptar las elecciones de los demás. Yo lo necesito cada día de mi vida, pero de todas maneras sé que él hizo lo correcto.

—¿Muriéndose?

—No, no llegando a viejo. ¿Para qué? Siempre me decía: «Amalita, hay que morirse joven».

—Y joder a los demás, ¿no?

—¿Por qué me dice eso?

—Dígame: ¿qué edad tenían sus hijos cuando su esposo murió?

—Romina once y Sebastián diez.

—Muy chiquitos para quedarse sin papá, ¿no le parece?

Adrede utilizo el diminutivo para referirme a sus hijos y la palabra «papá» en lugar de padre. Trato de conectarla con el vacío de protección que deben de haber experimentado al morir Julio.

—Sí, pero él sabía que yo iba a poder. Siempre pude.

No hay caso. Es muy difícil lograr que alguien se enoje con un muerto querido. La pérdida parece agrandar aún más su figura, hasta volverlo intocable, inmaculado. Yo quería que ella pudiera lograr ese enfado, y tan empecinado debí de estar que no escuché lo que Amalia dijo: «Siempre pude». ¿Qué quería decir con «siempre»? ¿A qué remitía esa palabra?

Seguramente a algo anterior a la pérdida de su marido. Pero así son las cosas. Cuando un analista se deja invadir por una idea fija, pierde la capacidad de escuchar. Y esa vez me tocó a mí. Me equivoqué. Solo después descubrí mi error.

Tomé a Amalia como paciente sin dudarlo. Era inteligente, sensible, de carácter fuerte, a veces demasiado, y trabajar con ella se convirtió para mí, de inmediato, en algo muy placentero.

Sin embargo, me costaba escucharla.

Solía ocurrirme que cuando ella dejaba el consultorio y me ponía a revisar lo acontecido me enojaba conmigo mismo: «¿Cómo no me di cuenta?» —me reprochaba—. Y tuve que asumir que, seguramente, algo de su historia entraba en relación con la mía. Por eso no podía ver con claridad aquello que sus palabras me mostraban. Pero ¿qué era?

La respuesta me llegó poco tiempo después. Ella estaba hablando de Julio y, como casi siempre, la desbordó la angustia.

—Muchas veces lo extraño tanto que creo que no voy a poder soportar su ausencia. Necesito su piel a mi lado, anhelo recostarme en su pecho, quiero volver a sentir su olor. Jamás volví a experimentar esa sensación de éxtasis que me generaba tocarlo, amarlo. Rolón, yo quedé viuda muy joven, pero nunca más salí con ningún otro hombre. No puedo ni siquiera imaginar tocar otra piel que la de Julio. Sé que voy a morirme sola y que no volveré a ser una mujer jamás. Pero creo que es el precio que debo pagar por haber amado tanto y haber sido tan feliz.

La miré y comprendí todo: no tenía a Amalia delante de mí. Todo este tiempo, sin saberlo, había estado hablando con mi madre. Por eso mi impotencia, mis ganas de sacarla a cualquier precio de ese dolor, de ese duelo inacabable, de ese llanto permanente por el marido muerto tan joven. Eso era lo que no me permitía escuchar.

Ella actualizó en mi consultorio mi propio drama familiar, y yo no había sido realmente su analista. Todo ese tiempo la escuché como si fuera su hijo.

Comprender eso fue algo muy fuerte para mí. A punto tal de que no pude continuar con la sesión.

—Amalia, voy a serle sincero. Voy a pedirle que terminemos aquí, pero no por usted, sino por una necesidad mía.

—¿Le pasa algo, Rolón?

Tal vez hubiera debido esquivar la pregunta. Un analista no debe hacerse presente como sujeto en las sesiones. Sin embargo, elegí ser sincero con ella.

—Sí, me pasa que escuchándola no pude menos que pensar en mis padres. Y eso hizo que me angustie y que me enoje mucho. Y en esta condición no puedo serle útil. Así que le pido disculpas, pero prefiero que nos veamos la próxima semana.

—Por supuesto, está bien —dijo con mucha comprensión—. Pero ¿puedo saber con quién se enojó?

Pausa.

—Amalia, no corresponde que le cuente más. Ojalá pueda entenderme y sepa disculparme.

—Faltaba más. Los psicólogos también son humanos y todos tenemos una historia, ¿no?

—Así es —dije, y la acompañé hasta la puerta.

En la sesión siguiente, al recibirla, intenté una nueva disculpa, pero me detuvo.

—Al contrario. El otro día, cuando usted me habló de su papá, caí en la cuenta de que yo nunca le había hablado del mío. —Era cierto. Yo tampoco le había preguntado sobre el tema. Y no era extraño. Al quedar capturado por su imagen de madre no pude imaginármela siendo hija.

—Mi papá —continuó—, también como Julio, murió muy joven. Era operario en una fábrica y sufrió un pico de presión. Se fue una mañana al trabajo y, cuando volví a verlo, estaba en un cajón.

—¿Qué edad tenía usted?

—Cinco.

Amalia no tenía de su padre más que dos o tres recuerdos. Uno de ellos era el de una mañana en la cual su padre, a quien ella veía enorme, la alzaba tiernamente y le daba un beso. Su papá se estaba afeitando, razón por la cual le llenó la cara de jabón.

—Debo de haber estado muy graciosa, porque estalló en carcajadas. Aún recuerdo la sensación de humedad en la cara. Fue un momento feliz.

Había llorado mucho por Julio en el tiempo en el que nos conocíamos, pero jamás tanto ni tan angustiosamente como ahora. Yo podía imaginarla como una niña desprotegida y supe que algo en mi interior se destrabó. Ahora sí, tal vez, podría ayudarla de verdad. Y, no casualmente, aquella frase: «siempre pude», volvió como por arte de magia a mi cabeza.

—¿Qué pasó a partir de ese momento?

—Nos quedamos los tres solos, mi mamá, mi hermano menor y yo. Y sentí que iba a tener que hacerme cargo de la familia.

—¿A los cinco años?

—Le juro que lo sentí así. Mi hermano apenas caminaba y a mi mamá la veía tan débil, tan vulnerable, que comprendí que yo debía ocupar el lugar de mi papá. Y así fue que me convertí «en el protector de mi familia».

Amalia lloraba desconsoladamente.

—Es decir que, cuando su esposo murió, usted volvió a vivir una experiencia que le era conocida. —Asintió con la cabeza—. Creo que por eso usted no puede enojarse con Julio, porque en realidad si lo hiciera, estaría reconociendo que también tiene derecho a enojarse con su papá. Y me parece que eso es lo que usted no puede permitirse.

—A mi papá solo lo tuve cinco años de mi vida, Rolón. Sin embargo, es lo más importante que he tenido jamás. ¿Cómo quiere que me enoje con él?

Es muy fuerte lo que acaba de decir.

—Vamos a interrumpir aquí —le digo.

—No ¿otra vez? ¿Le pasa algo?

—No, Amalia, nada. Esta vez es por usted.

A partir de esa sesión pudo hablar de Julio sin llorar y fuimos recorriendo juntos su apasionada historia con él. El llanto aparecía ahora cuando hablábamos de su padre. Sin embargo, seguía sosteniendo que era inteligente morirse joven. Y no es para menos. Los dos hombres más importantes de su vida lo hicieron y ella aún no estaba en condiciones de ver que no fue una «decisión inteligente», sino una tragedia, que estos hombres tan idealizados no fueron dueños de su destino sino víctimas de las circunstancias.

En esa época aparecieron en ella dos síntomas que tuvimos que trabajar. Uno era que no quería que su hijo, que se había ido a vivir solo, la visitara. El otro, un enojo con su madre.

—Sebastián dice que yo no quiero que venga a casa. Que lo castigo por haberse ido. Y no es así.

—¿Seguro?

—Sí, Rolón. Es cierto que no tengo muchas ganas de que venga. Pero en realidad lo que no quiero es que se moleste. Trabaja todo el día, llega cansado, ¿para qué va a venir hasta casa si yo puedo ir a la de él? Vamos con Romina, le llevamos la comida, le acomodo un poco el departamento y así, cuando terminamos de comer, ya se puede acostar y descansar. En esta época está agotado. Usted sabe que hay fechas del mes en que los contadores trabajan como locos. Bueno, yo quiero ayudarlo, nada más.

—¿Cuánto hace que no lo invita a su casa?

—No sé, no llevo la cuenta.

—Amalia, deje de fingir usted, ahora. ¿Cuánto?

—No sé. Tres meses más o menos.

—¿No le parece mucho?

—Pues, ahora que lo pienso, sí. Pero le juro que yo no estoy enojada porque se fue a vivir solo. Al contrario. Yo quiero que mis hijos hagan su vida y se independicen. Ya sabe cómo pienso. En cualquier momento yo me voy a morir y ellos deben estar preparados. De modo que, le juro, no me enoja que viva solo. Pero no sé por qué no quiero que venga —admite sin darse cuenta.

Trabajamos algunas sesiones sobre esto hasta que en una de ellas, hablando del tema, Amalia tuvo un lapsus.

—Me peleé con Romina.

—¿Por qué?

—Usted sabe que está muy unida a su hermano. Bueno, me dijo que lo invitara a cenar, pero como yo estoy con esto de que no quiero que se vaya, le dije que mejor fuéramos a comer a algún restaurante. Y entonces…

—Amalia, ¿escuchó lo que dijo?

—¿Qué cosa?

—Que no quiere que su hijo «se vaya».

—No, yo dije que no quiero que venga.

—No, Amalia, eso fue lo que quiso decir, pero dijo exactamente lo contrario. Así que dígame, ¿por qué no quiere que su hijo se vaya?

Fueron dos sesiones muy fuertes en las que hablamos de muchas cosas y llegamos a una conclusión: en realidad, lo que a Amalia la angustiaba no era que su hijo la visitara, sino el momento en el que él se iba.

—Amalia, su papá se fue y volvió muerto. Julio se fue y la llamaron del hospital porque tuvo un infarto. Pero eso no quiere decir que cada vez que alguien se vaya usted no va a volver a verlo con vida. Esto es diferente. Usted siente que el que se va no vuelve y por eso no quiere que su hijo vaya a su casa, porque después se va a tener que ir. Y cada vez que lo despide, inconscientemente, lo está haciendo para siempre.

Creo que sería bueno que lo invitara más seguido y comprobara que hay personas que se van, pero no por eso mueren.

Amalia es una gran paciente. Se mete de manera valiente en los territorios del inconsciente y enfrenta a sus fantasmas con la misma decisión que enfrentó siempre la vida. Pudo superar la inhibición que tenía con su hijo y estábamos analizando los posibles motivos del enojo con su madre, cuando nos enteramos de la enfermedad de Romina.

—La felicito. Debe de estar usted muy contenta.

—Rolón, usted es un hijo de puta.

Silencio.

—¿Por qué?, ¿no era usted la que decía que había que morirse joven, que eso era de gente inteligente? Bueno, dígame ahora: ¿tiene ganas de que su hija se muera tan joven? —Llora—. Acéptelo, Amalia, su padre y Julio no fueron inteligentes. Tal vez no se cuidaron lo suficiente, quizá fue una fatalidad, no lo sé. Pero lo que sí sé es que no murieron por un acto de libre albedrío. Les sucedió algo terrible. Como lo que le pasa ahora a Romina. Pero ella está viva, ¿me entiende? Y, al menos aquí, no vamos a velarla antes de tiempo. Su hija la necesita del lado de la vida. ¿Qué va a hacer usted?

—Pelear con ella en todo lo que haga falta. Luchar por su curación.

Me acerco y le acaricio la cabeza.

—Entonces, este hijo de puta la va a acompañar en todo lo que pueda.

Fue un periodo muy duro en la vida de Amalia. Su madre anciana les daba pelea a los años, se iba apagando pero no se entregaba. Su hija tampoco. Hablamos mucho de su «histórica» idea acerca de la muerte y pudo cuestionarse muchas cosas.

Admitió su ambivalencia de amor y enojo con su padre y su esposo, porque ambos la abandonaron siendo ella tan joven y pudo, internamente, reconciliarse con su madre y agradecerle el hecho de haber sido la única que se quedó a su lado durante toda la vida.

—Amo a mi mamá, Rolón.

—Ya lo sé. Siempre lo supe. Y usted también.

—Sí. Yo decía que me enojaba porque contrariaba mi ideal de no envejecer. Pero creo que la verdad era otra. Que en realidad lo mío no era enojo sino angustia. Una angustia que me surge de saber que muy pronto me va a dejar.

—Es cierto, Amalia. Pero eso es la vida. Además, reconozcamos que ya la ha acompañado un largo tramo de su camino.

—Así es. Yo misma soy ya una mujer grande. Debo agradecer haber podido tenerla tanto tiempo.

Asentí con la cabeza y no dije nada.

Un día llegó con los ojos llenos de lágrimas y una sonrisa emocionada.

—Rolón, nos dieron los análisis de Romina —me abrazó y se puso a llorar—. Están perfectos. ¡Mi hija se curó!

La abracé fuerte. Yo también estaba conmovido.

Diez días después su madre murió.

—La extraño mucho. ¿Qué quiere que le diga? Yo sé que era muy mayor, pero era mi mamá.

Me gusta escucharla hablar así. A pesar del dolor. Así son los duelos.

Dos meses después tuvimos la siguiente conversación.

—Rolón, yo quiero comentarle algo. Sé que a lo mejor lo pongo en un compromiso, pero bueno, es lo que siento.

—Dígame, Amalia.

—El sábado cumplo años. Setenta. No sé si está bien a tan poco tiempo de la muerte de mi mamá, pero quiero festejarlo. ¿Está mal?

—¿Por qué estaría mal? Si ese es su deseo, me parece una muy buena idea.

—Algo chiquito, íntimo, para mis seres queridos. —Me sonríe—. Sé que no es lo más común, pero… usted es alguien muy importante para mí. Y ¿qué quiere que le diga? Será un hijo de puta, pero yo lo quiero mucho. —Nos reímos—. Me gustaría que estuviera esa noche conmigo.

La miré sin saber qué responder. ¿Qué debía hacer, qué sería lo correcto? Entonces, al ver sus ojos sentí unas ganas enormes de estar en esa fiesta junto a ella.

—Cuente conmigo —le dije.

Me devolvió una mirada agradecida.

El sábado fui a su reunión, nos sentamos juntos y charlamos distendidamente durante toda la noche. Fui uno más de sus invitados. Estaba emocionada. Seguramente pensaría en su madre ausente, pero también en su hija presente, pues hasta hace poco no sabía si estaría viva para esa fecha.

En un momento sentí que debía retirarme. Ya habíamos compartido el tiempo que ambos necesitábamos. Me acerqué para despedirme.

—Espere —me dijo—. Antes, un brindis.

—Cómo no. —Sirvió dos copas. Yo levanté la mía—. Brindemos por usted, Amalia.

—No, Rolón. —Me miró profundamente y me sonrió—. Brindemos por la vida.

LOS PACTOS DE SILENCIO

(LA HISTORIA DE CECILIA)

Angustia: horror de todo lo que la nombra.
Ella quiere eso, que no se hable de ella y que,
como en cuanto habla es ella quien habla
no se diga nada.

MAURICE BLANCHOT

—¿Cómo estás?

—Más o menos… un poco angustiada.

—¿Pasó algo que quieras contarme?

—Sí. Fui a ver a mi mamá.

—Ajá. Hace mucho que no ibas, ¿verdad?

—Más de dos años. Pero con todo esto que estamos trabajando… no sé… tuve la necesidad de ir a verla.

—¿Y cómo fue?

Silencio.

—Difícil… Serían ya las seis de la tarde. Hacía frío. Entré sin saber cómo me iba a sentir. Me acerqué, tomé el florero para cambiarle el agua, vi su foto en la lápida y…

—¿Y qué?

—Y le hice mierda el florero contra la tumba.

Cecilia entró por primera vez a mi consultorio hace dos años. Me contactó para tener una entrevista, según dijo, porque estaba muy angustiada. Le di turno para dos días después y entonces nos conocimos.

Se presentó de manera amable, con un lenguaje llano y claro. Tenía treinta y ocho años, estudios profesionales y un trabajo en relación de dependencia —«el que me da para vivir» —me dice— y otro, más ligado al placer, a lo creativo, a lo vocacional.

Cecilia es decoradora de interiores y hace trabajos de ambientación de locales y residencias para fiestas.

—Cuéntame un poco qué te está pasando —fue el inicio de la entrevista.

—Bueno, yo te escucho siempre en la radio. Me pareces un tipo abierto y… en fin… yo soy homosexual.

Hace silencio. Como si quisiera ver el efecto que sus palabras causaron en mí. La miro y le hago un gesto instándola a que continúe.

—Pero todo bien con ese tema. Lo tengo totalmente asumido. Lo que en realidad me preocupa es otra cosa.

—¿Y cuál es esa cosa? —le pregunto.

—Bueno, en realidad son dos. Una es mi sobrepeso.

—¿Estás con mucho sobrepeso?

Me mira con gesto serio.

—¿Me estás molestando? ¿No me ves? ¿A ti qué te parece?

—No importa lo que me parece a mí. Dime tú cómo te ves y cómo te sientes con lo que ves.

Este es un tema fundamental que trato de tener en cuenta cuando trabajo. Tal vez estuviera excedida de peso, tal vez no. Pero frases del estilo de: «Ya veo» o «No es para tanto», no suelen ser un buen comienzo. Trato de ver cuál es el registro que la persona tiene de sí misma. Porque suele ocurrir muchas veces que alguien tenga una idea de sí mismo que difiere de la realidad. Por eso siempre intento ver qué pasa con ese paciente en particular, cómo se ve y cómo piensa que los demás lo ven.

—Yo me veo gordísima —continúa—, nunca estuve tan gorda. Me veo fea y me siento del asco. Creo que así no voy a volver a encontrar pareja y me voy a quedar sola toda mi vida.

—Dices volver a «encontrar» pareja. ¿Acaso perdiste alguna?

—Sí. Y ese es el otro tema. Mi pareja, Mariel, me está abandonando. Se va del país. Y yo me quedo sola.

—¿No puedes irte con ella?

—Sí, pero no quiero. Para mí la familia es muy importante. Y no voy a irme nada más porque a ella le vinieron ganas de largarse.

—Entonces, de algún modo, Mariel no te está abandonando. Tú estás decidiendo no ir con ella y, si consideramos esa decisión, de alguna manera, serías tú la que corta la relación.

—Ah, bueno… hablas como ella. Me dice lo mismo que tú. ¿Y qué hago, entonces? ¿Tiro todo lo que tengo a la mierda y me voy?

—No sé. Yo no voy a decirte lo que tienes que hacer. No es mi vida. No es mi dolor. Es el tuyo. Lo único que puedo hacer es preguntarte qué quieres hacer tú.

De esa manera comenzamos a trabajar juntos con Cecilia. La fui conociendo con el tiempo. Supe que su madre había muerto, que a su padre lo protegía de un modo casi maternal y que vivía con un amigo, Nacho, un «amigo de verdad». Me habló de su hermana, de su familia, tan unida, «tan gallega», de sus hermanos-hermanos y de su hermana-tía.

Recuerdo la sesión en que hablamos de ese tema. Me estaba contando acerca de una comida familiar.

—Yo estaba sentada al lado de mi tía… bah, mi hermana, y entonces…

—¿Perdón? —la interrumpí—. ¿Tu tía o tu hermana?

Hizo un breve silencio. Solo algunos segundos. Se acomodó en el diván y continuó hablando.

—Es que no sé si es un tema importante para mí. Por eso no te lo dije nunca.

—Bueno, pero ya que hoy sale, si no te molesta, podrías ponerme al tanto.

—Mira, el tema es así. —Vuelve a quedarse en silencio. Demasiado para ser un tema que no le importa mucho—. Mi mamá, de jovencita, muy jovencita —siento que la está justificando— tuvo una hija. Y bueno, imagínate. En esa época era una vergüenza, todo un drama social para la familia. Entonces mis abuelos la reconocieron como suya y para mi mamá fue como una hermana más. Y yo siempre le dije tía. Y para mí es una tía.

—¿Pero ella sabe la verdad?

—Todos la sabemos. Pero es un tema del que decidimos no hablar. Y en definitiva, así lo llevamos bastante bien. Yo sé que es una mierda, pero bueno… así funciona. ¿Ahora entendiste… puedo seguir?

Así nomás.

Se sacó el tema de encima como si hubiera hablado de una estupidez. No se mostró afectada en lo más mínimo. Realmente pareció darme el gusto al relatarme esta parte de su historia. Pero cargar con semejante secreto familiar no podía no tener consecuencias emocionales para ella. Estaba seguro de ello, aunque aún no supiera cuáles.

Mariel se fue a Europa y a las pocas semanas Cecilia empezó una relación con Sofía, alguien un poco mayor que ella y con dos hijos.

—Bueno, después de todo no era tan difícil «encontrar» pareja.

—Sí… pero no es lo mismo.

—Dale tiempo. Ya se va a construir algo tan bueno como lo que tenías con Mariel.

—No, si para mí ya es mejor que lo que tenía con Mariel. Sobre todo sexualmente. Es maravilloso.

—¿Entonces?

—Es que a Mariel ya la conocía toda mi familia, venía conmigo a las reuniones y estaba integrada. Era una más de nosotras —siempre que habla de su familia lo hace en femenino, como si su padre y su hermano no existieran.

—Y ahora a tu familia le cuesta la idea de que tengas otra pareja.

Sonríe.

—No, si nunca supieron que Mariel era mi pareja. Para ellos siempre fue mi amiga, nada más. Con el tiempo se hizo también amiga de mis primas, de mis hermanos, de todos.

—¿Nunca nadie sospechó nada?

Se da vuelta en el diván y me mira.

—Gabriel, somos grandes. Obvio que estaban al tanto de todo. Pero ya te dije que entre nosotras hay cosas de las que no se habla.

—Claro, y como ella, según tus dichos, ya era «una más de nosotras», supongo que se adaptó a los códigos de la familia, ¿no?

—Exacto. En cambio Sofía es muy diferente. Es tan complicado todo.

Seguimos adelante con el tratamiento, trabajando mucho, y si bien su actividad como decoradora hizo que muchas veces debiéramos suspender las sesiones a causa de la superposición de nuestro horario con alguna reunión, Cecilia ha sido una paciente dedicada y cumplidora. Esta ocupación es algo muy sano para ella, la hace feliz y la reconforta, razón por la cual decidí aceptar estas justificadas ausencias. Por otra parte, jamás faltó sin avisar y nunca ninguno de los dos protestó por estos breves distanciamientos.

Pero hace poco, después de dos semanas sin venir, ella misma se quejó del tema y empezó a desplegarse la más importante, tal vez, de nuestras sesiones en lo que va del análisis.

—Quedamos en que yo iba a pensar en el motivo por el cual no podía hacer dieta. Bueno, estuve pensando. No te ilusiones, ninguna genialidad. Pero la verdad es que es un lío cuando yo no puedo venir, porque me voy reflexionando y después, en el tiempo que pasa entre una sesión y otra, lo que estuve elaborando se me pierde. —Se detiene un instante—. Yo no me acuerdo cómo, pero había llegado a la conclusión de que al final cae todo en lo mismo, porque yo relacioné mi gordura con mi homosexualidad.

—¿Con tu homosexualidad? —pregunto. Es la primera vez que le da al tema un valor sintomático.

—Sí. No me preguntes cómo carajo hice porque no me acuerdo. Pero a veces siento que es la traba de todo.

—¿Qué cosa?

—El ocultamiento. Ya no lo soporto más.

—¿Me estás diciendo que sientes la necesidad de hablar del tema?

—Pues… me parece que sí. No quiero decir con esto que yo saque un aviso en el diario que diga «Me gustan las mujeres» y a partir de allí se me vaya la ansiedad. No creo que sea tan así, ¿no?

—Tienes razón. Por lo general no es tan lineal, ni tan sencillo.

—Me lo temía —sonríe—. Pero el tema es que me fui pensando, y no sé cómo pero llegué a la conclusión de que yo estaría más aliviada si pudiera hablar de esto, no con todo el mundo, pero al menos con algunas personas, si lograra mostrarme tal cual soy. Y me empieza a pesar un poco la sensación de que las personas necesitamos…

—¿Qué personas? —La interrumpo. Está hablando de ella. No puedo dejar que se escape en un discurso generalizador.

—Está bien, tienes razón. Yo necesito que la gente sepa quién soy. Es raro, porque por mí que cada uno haga de su culo un papalote. No pido ni suelo dar explicaciones de mi vida en ningún aspecto, ni aclarar mucho por qué hago lo que hago. Pero cuando es algo tan… a ver… tan importante en la vida de uno, tengo esa impresión. Necesito que la gente sepa quién soy. Si no, las cosas se me confunden. No sé para qué, a lo mejor no aporta nada, no tengo muy claro por qué me surgió esa necesidad. Porque si a mí me gustaran los hombres, yo no tendría la necesidad de decir: «Oigan, me gustan los tipos».

—Bueno, a lo mejor lo tendrías que decir si ellos te trataran como gay. Si ellos pensaran que tú eres quien no eres, tal vez sí tendrías ganas de decirles «esperen, me gustan los tipos». Digo esto porque, si no, te estás poniendo en el lugar del «raro» y, me parece, te estás enojando por tu condición homosexual. Y en lugar de entrar en la queja y el enojo, sería más importante que siguieras hablando acerca de esto.

—¿Sabes qué pasa? Es que hablas con la gente y todo el mundo trata de minimizar que es algo raro y distinto. Pero inevitablemente, tienes que dar explicaciones, y de lo que no es raro o enfermo uno no tiene por qué dar explicaciones.

—A ver. Creo que deberías pensar un poco en esto que dices. Porque lo que tú llamas explicación, a veces no es una explicación sino una aclaración. Lo diferencio porque dar explicaciones remite a tratar de justificar algo, mientras que aclarar no es defender nada sino desvelar una verdad.

—Tienes razón. Pero la gente en general no espera que uno sea gay, y creo que tiene mucho que ver con eso. Como verás, no es algo que llevo por la vida con mucha tranquilidad ni orgullo. De todas maneras, si mi imposibilidad de hacer dieta tiene que ver con eso, es algo totalmente estúpido, porque nada resuelvo con comer todo el tiempo.

—¿Entonces?

—Creo que por ahí me enganché con el tema de comer por ansiedad y me pregunté: «¿De dónde proviene esa ansiedad?».

—¿Y a qué conclusión llegaste?

—Bueno, lo estuve pensando bastante y me dije: «¿Qué cosa querría yo hacer y no puedo que me genera tanta ansiedad?». —Un largo silencio—. Y si… yo tengo ansiedad por contarlo.

—Y si tienes tanto deseo de contarlo, ¿qué es lo que te frena?

Un nuevo silencio.

—La vergüenza. Esto de no ser lo que «debería ser» a mí me da vergüenza, no lo vivo como algo normal: la gente esperaría otra cosa de mí.

—Puede ser. Pero, seguramente, no todo el mundo va a reaccionar igual. Para algunos será rarísimo, casi enfermo, para otros será solamente inesperado y para un último grupo será algo natural. Pero ¿en cuál de estos grupos ubicarías a las personas que a ti te importan? —Reflexiona un segundo.

—Creo que en el primero. Sí, seguro. Mi familia pensaría que estoy enferma. Me imagino hablando de esto con mi prima Martha, por ejemplo, y no puedo ni pensarlo. Pero la cuestión es más profunda, va más allá. Yo no sé si tiene que ver con mi homosexualidad o con la sexualidad en general. Porque con ella, que es alguien muy importante para mí, jamás hablamos de sexo. Nunca. Y no había reparado en eso. En mi familia nunca se habló de sexo. Igual, por suerte esto no repercutió demasiado en mi forma de vivirlo.

—¿Qué quieres decir con eso?

—Que con mis parejas siempre me comporté de manera desinhibida. Ni con mi pareja hombre, porque también salí con un hombre, ni con las mujeres tuve jamás problemas para sentirme sexualmente plena. Pero en el momento de hablar del tema, a mí me incomoda. Me molesta hasta que Martha me hable de su marido.

—Y dime… ¿esa incomodidad no provendrá del temor a lo que puede pasar si ella abre la puerta a este tema?

—No te entiendo.

—Digo, por ejemplo, si tu prima te dijera que le gusta ir arriba porque siente más el pene de su marido que estando abajo… A lo mejor te asusta que después te pregunte cómo te gusta a ti. —Se ríe—. ¿Por qué te ríes?

—Porque a mí el pene ya no me gusta de ninguna manera. Bah… nunca me gustó, esa es la verdad. Pero lo loco es que esto de no poder hablar de sexo me pasa nada más con mi familia. Porque con mis compañeras de trabajo no me molesta. Si se habla de sexo, no me rajo.

—¿Y qué haces?

—Doy mi opinión sin hablar de femenino o de masculino. Pero con mi prima no puedo. No sé por qué me pasa, pero no quiero ni saber del tema. No sé si a ella le pasará lo mismo. Es una de las cosas que más me frena. Y mira qué loco, es a quien más necesito contárselo.

—Ya veo. Necesitas contárselo, pero te estás conteniendo.

—Esa es la palabra. Yo siempre fui una persona con mucha garra, y ahora tengo la sensación de tener todo contenido aquí —señala su garganta— y no puedo disparar para ningún lado.

—Bueno —le digo— a lo mejor no es tan malo esto de que no puedas disparar para ningún lado. Tal vez es momento de plantarse, y no de correr.

Silencio.

—En estos últimos meses me estoy sintiendo muy mal. Me duelen algunas ausencias. Con mi pareja no me siento bien. Nacho es divino, pero ya no quiero vivir en donde vivo. No encuentro la forma de tener satisfacciones, cosa que siempre tuve. Y creo que sí. Que el tema es poder parar de alguna forma. A veces siento que van a pasar los años y yo voy a seguir cuestionándome la vergüenza que me da este tema, y voy a aumentar veinte kilos más, y sería un error poco inteligente. No me gustaría no poder defender lo que soy. Pero bueno… las mochilas familiares que uno trae a veces son más pesadas de lo que se cree.

—¿Uno quién?

—Yo.

Se angustia mucho. Y yo la dejo. Está llegando a un punto muy importante para su vida. Un minuto, dos, y no habla. Creo que se está angustiando demasiado. Entonces pregunto.

—¿Y de dónde crees tú que viene toda esa cuestión con la culpa y la vergüenza?

—No sé. Seguramente de mi mamá. Ella y su vergüenza, ella y la culpa… ella y mi dolor.

Sigue en silencio. Ahora tengo que ayudarla a salir de allí porque, si no, no puede hablar y seguir avanzando en este tema.

—¿Eres la única persona gay de todo el entorno familiar? —Se ríe nuevamente—. ¿Qué pasa? —pregunto.

—Pues… que ahora que lo dices, el asunto en mi familia es bastante delicado porque no soy la única. Tengo una tía, Mabel, y una sobrina. Tres generaciones, tres gays —suelta una carcajada—. Mi familia parece una repostería.

Me causa gracia. Yo también me río.

—Y estas mujeres, a lo largo de tu historia ¿estuvieron cerca de ti?

—Sí, muy cerca, sobre todo mi sobrina —sonríe de un modo travieso.

Me está abriendo la entrada a una pregunta por sus inicios sexuales, seguramente algunos juegos compartidos entre ambas. Es tentador, pero no. Decido no seguir por ahí. Ya fue demasiada angustia para una sola sesión. No hoy.

—¿En tu familia se sabe esto de las tres generaciones gay?

—No porque lo hayan dicho. Como te decía, en mi familia de estas cosas no se habla, todo se sospecha. Pero nunca se habla.

—¿Y qué edades tienen?

—Mi sobrina tiene casi mi misma edad. Y mi tía es grande. Tiene cincuenta y seis años —se interrumpe—, la puta madre.

—¿Qué pasa?

—Pasa que si sigo como hasta ahora, a mí me va a pasar lo mismo que a ella. Y voy a estar dentro de veinte años cuestionándome si le digo o no y a quién que soy gay… Gabriel, yo no quiero eso para mí. —Ahora sí la angustia es producto de un cuestionamiento subjetivo, profundo y necesario. Tengo que hacer silencio. Dejarla con esta convicción dolorosa—. Pero es así —continúa—: en mi familia las cosas importantes siempre se ocultaron aunque todos las supiéramos. De la adopción de mi sobrino nunca se habló y todos sabemos que es adoptado. Que tengo una hermana que durante años fue mi tía nunca se habló tampoco. Y te nombro nada más algunos de los temas que a mí me parecen importantes. De mi abuelo gallego que vino de un pueblito que nunca supimos ni el nombre, ni si teníamos familia por ese lado, tampoco nadie pudo nunca decir nada. Y bueno, así se manejan…

—Me parece que el modo correcto sería decir: «Así nos manejamos», ¿no?

—Totalmente, porque yo participo de este estilo y cuento con todas las posibilidades de cometer los mismos errores. Y cargar siempre con culpas, porque me imagino que para mi mamá andar escondiendo una hija no debe haber sido fácil. Pero es así, todos sabemos y nadie dice nada. Y eso que somos muy unidos: nos juntamos, nos morimos de risa, bebemos, comemos hasta reventar… y así estoy de gorda. Estamos todos gordos, todos llenos…

—Sí, pero no solo de comida —la interrumpo—. Además, están llenos de secretos.

—Sí. Y en algún punto esto es algo compartido, ¿no? Debemos estar todos en lo mismo.

Esta es una sesión particular, muy fuerte, está trabajando como nunca, y creo que es momento de devolverle una intervención dura y movilizante, aunque sé que puede angustiarla aún más. Lo pienso un segundo y luego decido hablar.

—Mira, esto que pasa en tu familia tiene un nombre: «pacto de silencio». Al menos, los analistas lo llamamos así. Y hace referencia al acuerdo que se hace, supón, entre alguien que tiene cáncer y su familia. Un trato por el cual el enfermo no toca el tema, la familia no lo saca tampoco y todos hablan como si no pasara nada… «que bueno… que te sientes mal hoy, pero ya vas a ver que mañana vas a estar mejor… ya vas a salir… dijo el médico que…». Todos saben. Pero de esto, sin decirlo siquiera, acuerdan no hablar. En ese caso hay en juego un tema muy importante, que es el de la muerte, y hay un pacto de silencio que es lo primero que, como analista, intento desarmar. Pero no es fácil. Porque el tema de la muerte es un tema que no se puede simbolizar, es decir, del cual casi no se puede decir mucho. —Hago un breve silencio y continúo—. Bueno, el otro asunto en el cual suelen hacerse estos pactos de silencio es la sexualidad. Porque justamente los dos temas que angustian y pueden llegar a conflictuar y desbordar a una persona son la muerte y la sexualidad. Son los dos pilares básicos que estructuran y pueden desestructurar la psiquis humana. Todo gira alrededor de esto. La muerte y la sexualidad. En el inconsciente no hay mucho más. —Me escucha con atención—. Cecilia, cuando alguien crea, cuando escribe, cuando pinta o, como en tu caso, decora, ¿sabes qué está haciendo? Sublima energía sexual. Cuando alguien arma un proyecto, ¿qué hace? Simple… Pone algo entre la muerte y él: «Hoy voy a hacer tal cosa, mañana voy a hacer tal otra». Y esto es algo fundamental. Porque si no hiciera nada, tendría que pensar todo el tiempo en que se va a morir. Por eso en las personas que se quedan sin proyectos aparece la depresión. ¿Y qué hacemos los analistas para sacarlas de ese estado? Les preguntamos qué les gustaría hacer, de qué tienen ganas. Es decir, buscamos la aparición de un deseo, de un proyecto. —Hago un breve silencio para que asimile lo que estamos hablando—. Bueno, la muerte y la sexualidad son los dos temas en los que, por angustia, alguien puede hacer un pacto de silencio. Y depende de esa persona sostener, o no, ese pacto. Porque, como se trata de un acuerdo perverso, algunos pueden resistirlo y otros no, porque no les da la personalidad para cargar con eso si no al costo de mucha angustia. Tú dices que para tu mamá negar una hija debe haber sido difícil. Seguramente fue así. Pero, en definitiva, ¿de qué estamos hablando, Cecilia?

—De sexualidad.

—Exactamente. De ocultar un tema que tiene que ver con su sexualidad.

—Claro, con haber cogido antes de casarse…

Asiento.

—Pero a veces alguien no sabe cómo enfrentar estos temas, entonces no los habla, y los demás tampoco. Pero tú quieres enfrentarlo, quieres resolverlo.

—¿Cómo estás tan seguro?

—Porque tú misma me dijiste que tienes miedo de que pase el tiempo, de volverte vieja y seguir igual. Es decir que tienes miedo de morirte sin resolverlo.

—Y por eso me quejo de este pacto de no hablar que hicimos en mi familia…

—Creo que sí. Fíjate. Siempre que encuentres estos pactos secretos los vas a ver ligados a la muerte y a la sexualidad, y estos pactos son siempre enfermizos. De hecho, a ti te está enfermando. Por eso, te diría que es hasta una buena noticia que, aunque sea por momentos, este tema te desborde. Porque así la angustia te obliga a prestarle atención, a no llevarlo como si nada y, de alguna manera, a buscar una salida posible.

»Si tú siguieras tu vida respetando ese pacto… en este, tu ámbito analítico, perdimos, porque nos ganó el síntoma. —Breve silencio.

»Si, en cambio, esta angustia te movilizara para que tú rompas el pacto, y no digo haciendo un desfile o un aviso en el diario, si no al menos desvelando algo del orden de tu verdad, le ganarías un round a la enfermedad.

Se hace, ahora sí, un silencio prolongado. Ya dije lo que quería decir. Es su momento.

—A veces, cuando estamos reunidos, me voy con el pensamiento. Empiezo a mirar a cada uno y me pregunto: «¿Este querrá que le cuente, este sí, este no. Este vive tranquilo dentro de esta familia tan linda y a la vez tan chismosa?». Y me entro a colgar y ahí nomás pegaría el grito.

—Pero a lo mejor habría que pensarlo diferente. Fíjate la pregunta que te haces: «¿Este querría que yo le contara?». ¿No te parece que la pregunta deberías formularla al revés? Es decir: «¿A este yo le querría contar?».

—Es que yo les querría contar a todos. No discrimino en eso.

—Pero no está mal hacer una discriminación, al menos al comienzo, para hablar de algo tan íntimo y profundo. —Se acerca el final de la sesión. Ha sido muy movilizante. Abordo entonces un cierre un poco más relajado—. Ojo, tampoco está mal si en esas reuniones, entre ensaladas y asado, entre un chorizo y el otro, tú callas a todos y dices: «Un momento, señores. Les quiero comunicar algo».

Risas.

—Claro y digo a los gritos: «Ladies and gentlemen, me muero por la almeja».

Me río.

—Bueno, sería tu derecho. Pero, independientemente de esto, a lo mejor sí podrías discriminar y pensar que no todas las personas son igual de importantes para ti. Seguramente, algunos están más cerca, o tienes más confianza con ellos que con otros, ¿no?

—Obviamente hay prioridades. Pero si por mí fuera querría poder decírselo a todos.

—Sí, te entiendo. Pero hay que diferenciar lo ideal de lo posible. Porque todos es igual a ninguno.

—Es cierto. En definitiva, por alta que sea la pila, los platos se lavan uno por uno, ¿no?

Estamos terminando. Su última frase es casi un corte. Pero fue muy importante. Quiero que se lleve lo más clara posible la idea de lo que trabajamos en esta sesión.

—Cecilia, por lo que estuvimos hablando hoy, aquí hay un pacto de silencio, ¿sí? —Asiente—. Y cuando alguien está sometido a un acuerdo perverso como este, existen dos posibilidades: o es perverso y lo transita sin problemas o, como en tu caso, no es perverso y entonces se angustia. Es como vivir con alguien que te pega.

—Qué horror.

—O formas parte de esto de una manera masoquista, o si no, te quiebras. —Pausa—. Bueno… hasta aquí llegamos por hoy. Dejemos instalado el tema y, mientras tanto, veamos qué puedes hacer con esta angustia. Señorita, nos vemos la próxima.

Fue una sesión movilizante, fuerte, dura. Creo que Cecilia se fue muy conmovida. Más de lo que yo pude comprender en aquel momento.

Suele pasar que, muchas veces, un analista debe dejar rápidamente lugar en su mente para poder trabajar con el próximo paciente, o por qué no, para pensar en sus propias cosas. Y así sucedió conmigo.

Casi olvidé los lugares tan profundos a los que nos llevó el relato de Cecilia hasta que, una semana más tarde, volvió a sesión.

—Bueno —comenzó apenas se acostó en el diván—. Te quería contar que el martes pasado, después de salir de aquí, me pasó algo rarísimo. Te acuerdas que hablamos de que yo tenía pensado contarle lo mío a algunas personas…

—A ver… recuérdame un poco el tema.

—Bueno, me pasó algo extraño. En cuanto me subí al auto tuve una sensación rara…

—¿Rara?

—Sí. No podía dejar de llorar. De aquí hasta Liniers, adonde tuve que ir a buscar algunas telas para un trabajo, me la pasé llorando. Y cuando llegué no me podía bajar del auto. No podía dejar de llorar, no podía y no podía. Tú sabes que no es muy común que a mí me pase algo así.

—Pero así fue esta vez.

—Sí. Y en el trayecto tuve la necesidad, o el impulso, no sé qué, y llamé a Agustina, mi cuñada. Le mandé un mensajito de texto para decirle que necesitaba hablar con ella. Fue una cadena de mensajes hasta que al final me llamó. Y bueno, por una cuestión de tiempo todavía no pude concretar la charla pero, al menos de mi parte, de alguna manera es como si ya la hubiera tenido, porque ya sabe que de algo le quiero hablar.

—La sesión pasada dijimos que era importante discriminar con quién era mejor hablar primero. ¿Por qué elegiste a tu cuñada?

—Porque es y no es de la familia, porque es inteligente y creo que va a entenderme y porque es una buena mujer, me inspira confianza.

—¿Y cómo te sentiste después de esas llamadas?

—No sé si puedo explicarlo. Fue algo raro, porque la necesidad de llamar me venía como desde el cuerpo, era todo muy impulsivo. Pero, por otro lado, sentía que, o lo hacía en ese momento o si no, no sé cuánto tiempo más iba a pasar. —Silencio—. Y si bien no hablé con ella, el solo hecho de mandarle el mensaje y que sepa que tengo algo que decirle, para mí ya es importante.

—Claro que lo es. Lo que tú sientes es que la primera parte, la más difícil, la más importante, ya la pasaste.

—Sí. Pero tampoco sé durante cuánto tiempo se puede sostener la importancia de un hecho como este. Porque cuando paso por estas situaciones, ahí vuelvo a darme cuenta de qué poco registro tengo de lo que me sucede con algunas cosas. —Su discurso me resulta confuso.

—A ver, aclárame por qué dices esto último.

—Claro, porque yo misma me sorprendí de cómo me estaba poniendo. Yo sé que para mí es un tema jodido, pero realmente no podía dejar de llorar. Era una combinación de angustia, dolor y alegría de poder hacerlo. Me faltaba pegar un grito. Fue un momento muy raro, una mezcla de euforia y miedo. Y me dije: «Bueno, tampoco es que les voy a decir, no sé, algo tan jodido como que maté a alguien». Pero para mí sí fue importante.

—Es importante. «Importantísimo» —le remarco. Le ha costado mucho llegar a este momento. Años. Se merece darse el gusto de disfrutarlo.

—Sí. Y la manera también fue rara. Porque me voy de aquí, después de hablar contigo, bueno, adiós, algún chiste final, unas risas, pero nada extraño. Y de pronto, en el trayecto hasta donde había dejado el auto, me empezó a pasar algo que incluso me dificultaba la respiración. Y cuando subí al coche dije: «No, yo le mando un mensaje ya. Porque además, sabiendo lo ansiosa que es, no me va a dejar en paz hasta que hablemos». —Hace silencio por unos segundos y sigue hablando—. Pero la verdad es que para mí no fue algo fácil. Porque enseguida me dijo: «Vale, mañana mismo vamos a tomar un café a algún lado». Y yo, te imaginarás, ni loca puedo ir a hablar de esto en un café. Porque voy a parecer una enferma mental, llorando a los gritos en medio de una cafetería. Me parece mejor ir a su casa, o a un lugar más íntimo, porque en un bar no estaría cómoda. Pero, bueno, fue importante…

—Y está muy bien que lo reconozcas. ¿Ves? Ahora sí estás hablando desde un lugar sano. Porque hiciste una movida en dirección a tu verdad y a la posibilidad de tener una relación más sincera con las personas que quieres. Aunque pueda resultar doloroso esto de hablar y comprobar si eres querida, aceptada y amada por lo que realmente eres, y no por lo que ellos quisieran que fueras.

—Gabriel, ¿te puedo pedir un favor?

—Sí, claro. —Me pregunto qué querrá.

—Creo que una de las cosas que más me movilizó para empezar a pensar esto, y por lo que yo me fui como me fui, fue ese relato que me hiciste de la muerte y el sexo. Me partió a la mitad. Si no te molesta, ¿me lo puedes repetir? Porque, tú ya me conoces: a mí me queda la idea, pero olvídate de que me acuerdo lo que dijiste.

Su pedido me toma por sorpresa. No sé de lo que me está hablando. A veces suele pasar y lo mejor, como siempre en un análisis, es la verdad.

—Cecilia, perdóname, pero…

Se ríe.

—Tú tampoco te acuerdas, ¿no? —También me río—. No sabes ni lo que me dijiste.

—Pues la verdad es que no recuerdo qué te dije o cómo te lo dije, pero cuéntame y, si para ti fue tan importante, lo reconstruimos juntos.

Fue así, a partir de su pedido, que fuimos resignificando la sesión anterior, la que acabo de relatar, la más importante en todo este tiempo de análisis. La que llevó a Cecilia a destrozar el florero en la tumba de su madre. La que ojalá nos abra la puerta de entrada a un presente más comprometido con el respeto hacia ella misma y su verdad.

EL DOLOR DEL ANALISTA

(LA HISTORIA DE MAJO)

… y el alma presintiendo,
intuyendo el veneno que viaja escondido en la sangre.
Y frente a eso, la vida extrema todos sus recursos,
grita, arremete, se revela hasta donde puede.

FERNANDO RABIH

El grupo estaba reunido como cada martes a las ocho de la noche. Los hice pasar al consultorio casi sin dirigirles la palabra. Inclusive alguno me preguntó si me ocurría algo, a lo que respondí diciendo que después, cuando estuviéramos todos, íbamos a hablar.

A las ocho y diez miré el reloj. Decidí esperar cinco minutos más hasta que llegaran todos, sin darme cuenta de que, en realidad, ya habían llegado todos.

Entré en el consultorio sin saber muy bien cómo enfrentarlos. No siempre los analistas sabemos qué decir. Me senté en mi lugar y me quedé callado. El grupo siguió conversando hasta que, poco a poco, se fueron apagando las voces y se hizo un silencio pesado.

Jorge, siempre impaciente, fue el primero en preguntar.

—¿Pasa algo?

Levanté la mirada del piso y recorrí sus rostros uno por uno. Recordaba la historia de todos, cómo llegaron, por qué, en qué momento del proceso terapéutico se encontraban. Y así continué, hasta que di con la silla vacía.

—Evidentemente —insistió Jorge— algo no anda bien. ¿Puedes decirnos de qué se trata?

Asentí y empecé a hablar.

—Tengo que comunicarles algo… Algo que ojalá nunca tuviera que decirles.

Myriam se tapó la boca y empezó a sollozar. Noelia me miró casi suplicante:

—No, no, por favor…

Asentí con la cabeza.

—Muchachos… Majo murió.

Se hizo un largo silencio.

—Su padre —continué— me avisó por teléfono y me pidió que les dijera que…

Seguí hablando, pero solo para mí, porque ya nadie me escuchaba. Jorge se levantó, dio una vuelta alrededor de su silla y le pegó una patada. Eduardo se tomó la cabeza y apretó los ojos. Noelia y Miryam se abrazaron desconsoladas y Raúl se reclinó en su asiento y se quedó mirando el techo.

Yo me quedé callado. Traté de decirles algo, pero ninguna palabra me pareció mejor que el silencio. Además, tampoco tenía demasiadas ganas de hablar.

Miré hacia el piso y esperé. Cada uno se desahogaba a su manera, como podía. Y en ese momento me di cuenta de que yo también necesitaba hacer mi propia catarsis. Sentí como una erupción emocional que me subía desde el estómago, me mordí los labios y no pude contenerme.

Y allí, delante de mis pacientes, sin poder siquiera disimularlo, me puse a llorar.

Conocí a Majo un sábado por la tarde, en la puerta de una tienda de la avenida Rivadavia en plena ciudad de Buenos Aires. Yo había ido a encargar unas tarjetas personales y, al salir, escuché que una chica me llamó.

—Eh… ¿Tú eres Rolón, no? —me preguntó.

Es común que la gente me salude por la calle, ya sea porque escucha o ve alguno de los programas en los que trabajo en radio o televisión. Por lo general, son saludos afectuosos, pero rápidos y superfluos. Los retribuyo con verdadero agradecimiento y trato de ser cortés. Pero generalmente no me detengo a hablar.

—Sí —respondí sonriendo—. Adiós.

—No, no te vayas —me detuvo—. Mi nombre es Majo, y él es mi novio, Sebastián.

Yo no me había dado cuenta de que estaba acompañada.

—Hola, encantado.

—¿Te puedo pedir algo?

—Sí, claro.

Supuse que iba a pedirme, como suele pasar, que saludara a alguien por la radio. Pero no.

—Tú atiendes pacientes en forma privada ¿no?

—Sí.

—Bueno, entonces yo voy a ser paciente tuya. ¿Me das tu teléfono así te llamo y quedamos?

Me sorprendió el modo en que me lo dijo. Así nomás, con tanta espontaneidad, con una sonrisa... «Yo voy a ser paciente tuya». Me causó gracia. No me preguntó dónde atendía, ni si tenía horarios disponibles, ni cuánto cobraba. Nada. Simplemente me informó que a partir de ese día yo tenía una paciente nueva.

Me despertó mucha ternura su desenfado. Y, aunque no soy especialista en adolescentes, tengo alguna experiencia en el tema, de modo que decidí acceder a su pedido. Aunque ahora que lo pienso bien no sé si fue un pedido. Porque Majo era pura energía, un torbellino que, cuando quería algo, iba y lo tomaba.

—Mira, no traigo tarjetas. En realidad ya no me quedan. Casualmente vine a encargar algunas aquí.

—¿A este negocio?

—Sí.

—Listo. Yo ahora entro y le pido los datos.

Me reí.

—Bueno, te acompaño, si no, no te los van a dar.

—No, no te molestes. Vas a ver cómo a mí me los dan.

Sonrió de un modo travieso, me dio un beso y entró a la tienda. Me quedé mirándola un segundo, y sonreí también.

El lunes, alrededor del mediodía, me llamó.

—Hola, soy Majo. Te acuerdas de mí, ¿no?

—Sí, me acuerdo. ¿Cómo estás?

—Bien…

—Veo que te dieron mis datos en el negocio.

—Te dije que me los iban a dar.

—…

—¿Y?

—¿Y qué?

—¿Cuándo empezamos?

Cuánto empuje, cuánta fuerza contenía aquella mujercita. Recuerdo haber pensado: «Esta chica va a conseguir todo lo que quiera en la vida».

Y fue así como el día fijado, a la hora convenida, Majo entró en mi consultorio por primera vez.

Tenía dieciocho años. Era hermosa, cabello castaño claro, ojos color miel, muy vivos. Su sonrisa era maravillosa y el cuerpo bello, aunque a ella no terminaba de gustarle.

—Quisiera ser más delgada. Porque soy bailarina.

—Ah, qué bueno. ¿Baile clásico?

—No. Clásico estudié de chica, sí, pero ya estoy vieja para eso. Quiero hacer hip-hop. Y me encanta la comedia musical. Por eso también estudio canto.

—¿Cantas también?

—Más o menos. Bailando soy buena, pero cantando… mmmm… me falta mucho todavía.

—Me gustaría escucharte algún día.

Con los adolescentes suelo utilizar esta técnica de invitarlos a mostrarme las cosas que hacen, o compartir charlas sobre cine, o libros. Según el gusto de cada uno. Me ha resultado una buena puerta de entrada a sus vidas.

Majo pareció sorprenderse por mi invitación a que cantara delante de mí.

—¿De verdad?

—Sí, claro.

—Bueno, el día que me anime, traigo una pista y canto. Pero me tienes que dar tiempo.

—Todo el que quieras. Pero ¿qué pasa? ¿Te da vergüenza cantar delante de la gente?

—Pues sí. Un poco de miedo me da.

Caí en la cuenta de que, a pesar de su osadía, Majo no dejaba de tener dieciocho años. Obviamente tenía miedo. La adolescencia es una etapa difícil. Los chicos suelen sentirse muy desprotegidos.

La imagen omnipotente de los padres ha caído y aún no han desarrollado la confianza en sí mismos. De modo que el mundo es un lugar demasiado peligroso para ellos. Por eso es que se unen para enfrentarlo. Y surgen así los «grupos de pares».

Cada adolescente tiene el suyo, y el que no lo consigue, está en problemas. Son sus «mejores amigos», sus compañeros de aventuras, los que más aman, sus confidentes, sus iguales. Esta es una de las características principales del grupo de pares, que se eligen por similitud. Les gusta la misma música, se visten de la misma manera, disfrutan de las mismas cosas. Como si se estuvieran eligiendo a sí mismos en el cuerpo de otros. Es, en realidad, una manera de reforzar su propia imagen, su narcisismo que se siente amenazado en esta etapa.

Pero es un paso necesario para que puedan salir a la vida y encontrar afectos fuera de la familia de origen. A esto le llamamos los psicoanalistas «salida exogámica».

Le pregunté a Majo por su grupo de pares.

—Bueno, están las chicas de la escuela… Pero no es lo mismo desde que terminamos. Con algunas nos seguimos viendo, por suerte. Y con otras, por suerte, no —se rio—. Pero mi mejor amiga es Valeria. Es como mi otro yo. Sabe todo de mí. Hablo con ella de lo que no me animaría a hablar con nadie más… bueno, no te pongas celoso… espero que contigo sí se dé la posibilidad de hablar de todo.

—Ojalá, Majo.

Conversamos un poco más. Era muy agradable escucharla. Decía frases típicas de su edad con cuestionamientos realmente graves, casi filosóficos. Al término de la entrevista traté de explicarle cómo era esto del análisis.

—Majo, te cuento un poco cómo trabajo yo. Acostumbro a pautar tres o cuatro entrevistas preliminares antes de aceptar a alguien como paciente. Va a ser importante para que nos conozcamos, para que yo esté seguro de que puedo ayudarte, y para que tú veas si te sirve lo que te digo y cómo te lo digo. Porque cada psicólogo es diferente de los demás, como cada paciente es único, y tenemos que ver si nos elegimos uno al otro, yo a ti como paciente y tú a mí como analista. ¿Te parece bien?

Asintió sin mucho entusiasmo.

—Mira, tú tómate el tiempo que quieras para conocerme, yo no lo necesito. Porque ya te elegí hace rato. Solo necesitaba esperar el momento propicio para empezar mi análisis. Te escucho todas las noches. Y siempre supe que, cuando quisiera hacer terapia, la iba a hacer contigo. Y bueno, no sé si crees en esas cosas, supongo que no porque eres psicólogo, pero cruzarme contigo el otro día fue la señal de que había llegado el momento para empezar. Así que preferiría no perder tiempo en entrevistas preliminares, pero si esas son tus reglas, está bien. Voy a aceptarlas. Con una condición.

—¿Cuál?

—Ni se te ocurra no elegirme como paciente.

Ambos nos reímos, y así terminó ese primer encuentro.

En nuestra cuarta entrevista formalizamos lo que se conoce como «Contrato analítico». Se trata de un acuerdo que se realiza entre el paciente y el profesional, previo al comienzo del análisis, en el cual se pautan horarios, honorarios y otras cuestiones que hacen al encuadre de la relación.

Yo no suelo trabajar con diván en el caso de pacientes adolescentes, dado que, por lo general, ellos se sienten más cómodos con la técnica cara a cara. Sin embargo, con Majo pauté que íbamos a utilizarlo.

—¿Te molesta la idea? —le pregunté.

—No, para nada, me parece divertida.

Así empezamos el análisis propiamente dicho.

Llevaríamos unos cinco meses trabajando juntos al momento de darse la siguiente sesión. Majo traía problemas típicos de su edad. En su caso un problema vocacional, ya que no estaba convencida de lo que estudiaba.

—A veces siento que la carrera la hago para los demás, no para mí.

—¿Y quiénes son los demás?

—Básicamente mis padres. Yo sé que voy a llegar con lo mío, quiero decir con la música, el canto y el baile. Pero para ellos es importante que tenga un título… No sé, creo que les da miedo mi futuro.

—¿Y a ti no te da miedo tu futuro?

—No, no hay tiempo para tener miedo en la vida —dijo gravemente.

—Puede ser, sin embargo todos le tememos a algo.

Se quedó un rato en silencio. Suspiró. Tenía la cabeza apoyada sobre las palmas de sus manos. Las retiró y se acercó un almohadón que había dejado al costado. Empezó a mover los pies y creí percibir un cierto nerviosismo.

—¿Pasa algo, Majo?

—Mira, hay un tema que está en mi cabeza desde que era muy chiquita… pero no es que le tenga miedo, más bien es… deseo de saber.

«No es que le tenga miedo».

Los analistas sabemos que muchas veces la negación, ese «no es que…», es el camino que toman ciertas ideas o emociones inconscientes para hacerse presentes en el análisis. Según el consejo de Freud, debemos sacar la negación y dar por válida la afirmación que le sigue.

—¿Y cuál es ese tema?

—¿No te vas a reír?

—No.

—La muerte.

Me impactó su respuesta. ¿Cómo iba a reírme? Esta chica de dieciocho años me está diciendo que desde niña la persigue el tema de la muerte y cree que puedo reírme de algo tan serio.

—Cuéntame qué te pasa con esto de la muerte.

—Mira. Yo era muy chiquita cuando murió mi abuela. Fue un golpe muy fuerte para mí.

—¿La querías mucho?

—Mi abuela era lo máximo. Le gustaba peinarme mientras yo cantaba. Era de esas abuelas de las historias, de las que cuentan cuentos, pero real. Me hablaba de todo, de las cosas que debería enfrentar cuando fuera más grande…

—¿Y cuáles eran esas cosas, según tu abuela?

—La responsabilidad, el trabajo, el amor, el sexo…

—Así que tu abuela te hablaba de sexo. Qué bueno que hayas podido contar con ella para hablar de ese tema. Porque todos los chicos sienten curiosidad, pero, por lo general, a los mayores les cuesta mucho hablar con sus hijos del tema. Ni te digo a los abuelos.

—Sí, ya sé. De hecho con mis papás no hablé nunca de sexo. Pero ya te dije que mi abuela era la mejor. Entre mis amigas yo era la que más sabía de la vida. Y todo porque compartía mucho tiempo con mi abuela…

—…

—…

—Bueno, es un lindo recuerdo. ¿Por qué te detuviste?

—Porque me vino a la mente la parte fea de la historia.

—¿Y cuál es esa parte, Majo?

—La muerte de mi abuela.

Se está angustiando. Seguramente es un tema muy doloroso para ella. Pero así debe ser, así que…

—Cuéntame cómo fue.

—Me cuesta hablar de esto. En realidad no me acuerdo de casi nada. Ten en cuenta que era muy chica. Pero sí recuerdo que quise verla.

—¿Y?

—Y la vi. Mi mamá me alzó, yo la miré dentro del cajón, le miré las manos que asomaban de la sábana, le miré la cara que parecía de porcelana. Acerqué mi boca y le di un beso en la frente. Estaba fría, rígida…

—¿Recuerdas cuál fue tu sensación en ese momento?

—Sí. Pensé que estaba hermosa.

—¿Hermosa?

—Sí… Bueno, en realidad su imagen era hermosa, porque ella no estaba allí. Me di cuenta en el momento de besarla que ella ya no estaba allí. Y me pregunté dónde estaría, adónde habría ido y…

—Sigue, Majo.

Suspira.

—Y sentí la necesidad de saber lo que era la muerte.

—¿Qué edad tenías?

—Seis años.

Nos quedamos en silencio. Un silencio tan largo que me alegré de haber optado por el diván.

Es común que los niños sientan una gran angustia ante la idea de la muerte. Sobre todo la muerte de los padres. Angustia que se reedita en la adolescencia. Pero, por lo general, la disfrazan dirigiéndola hacia otras cosas, o tienen temores nocturnos que no pueden explicarse. Pero Majo, en cambio, a los seis años ya había experimentado en su interior aquella sensación que don Miguel de Unamuno denominara «el sentimiento trágico de la vida», es decir, la conciencia de vivir sabiendo que vamos a morir. Y no soportaba no saber qué cosa era la muerte.

—¿Y ahora? ¿Qué te provoca hoy por hoy este tema?

—Lo mismo de siempre. El deseo de saber qué es, cómo será esto de morirse, si uno se dará cuenta de que se está muriendo.

Silencio.

—Gabriel, hoy no, pero otro día vamos a hablar de algo.

—¿Por qué no hoy?

—Porque no. Hoy quiero quedarme con esto que hablamos al principio. Me puso bien recordar mi infancia con mi abuela.

—Pero eso de lo que no quieres hablar ahora… se trata de algo importante para ti ¿no?

Se dio vuelta poniéndose boca abajo en el diván. Colocó sus manos sobre el almohadón y apoyó su mentón en ellas. Me miró fijo. Seriamente.

—Sí. Pero hoy no. —Era inapelable.

Nos miramos a los ojos largo rato. De a poco se fue relajando y apareció su hermosa sonrisa.

—Vale. ¿No te vas a enojar, no?

—No, Majo, claro que no me voy a enojar.

—Ah, bueno. Entonces sigo.

Volvió a ponerse boca arriba y continuó hablando. A mí me costó seguir escuchándola. Había aparecido ese aspecto grave, profundo, casi fatal que Majo llevaba en su interior.

Un rato después, la joven alegre tomó nuevamente las riendas. Pero yo sabía ya que esa otra parte tenía algo que contarme y solo estaba seguro de tres cosas: que era algo importante, que tenía que ver con la muerte y que a Majo la angustiaba.

Una de las mayores virtudes de un analista es la paciencia. Lo sé. Pero aun así me costó relajarme ante la cercanía de un tema semejante. Lo tuve cerca y se me escapó. Pero ya iba a volver. Estaba seguro. Así son las vivencias traumáticas: siempre vuelven. Y esta no fue la excepción.

Una tarde, dos meses después de aquella sesión, Majo llegó al consultorio con una sonrisa pícara. Su mirada brillaba y se notaba nerviosa.

—Hola —le dije—. ¿Pasa algo?

Casi no podía contener la risa.

—Siéntate en tu sillón y cierra los ojos.

—¿Qué? —pregunté sorprendido.

—Vamos, siéntate y cierra los ojos.

—Majo, mira que…

—Por favor, quiero hacerte un regalo.

La miré un segundo, buscando en mi interior una respuesta adecuada a su pedido. Pero tenía que pensar rápido. Estaba frente a mí y exigía una respuesta.

Si, como ocurre con muchas pacientes, ella hubiera tenido una transferencia de carácter erótico conmigo, nunca hubiera aceptado. Pero no se sentía atraída por mí. Su afecto era tierno, con mucho de idealización y admiración, pero no de erotismo. De modo que, no sé muy bien por qué, accedí. En más de una oportunidad, los analistas debemos tomar decisiones rápidas, de cuya pertinacia nos enteramos con el tiempo. En esa ocasión yo decidí aceptar el pedido de Majo, así que me fui hasta mi sillón, me senté y cerré los ojos.

Percibí que ella abría su cartera, caminaba hacia mi equipo de música y lo encendía. Colocó un CD y empecé a escuchar una introducción que me sonaba más o menos conocida. Traté de pensar qué era. Sí… eso es, un aria de *Miss Saigon*.

Era evidente que Majo me trajo el disco de regalo. Al menos eso creí al principio. Hasta que me di cuenta de que no era ese su obsequio.

Cuando terminó la introducción, empezó a cantar.

Yo recibí su voz con gran sorpresa. Involuntariamente giré mi cabeza para mirarla, pero ella me pidió que no lo hiciera. Seguramente así le costaba menos. De modo que me recliné y decidí disfrutar de su regalo.

La voz de Majo era suave, dulce. Realmente cantaba muy bien. Claro que no era la voz de una profesional, tenía algunas imperfecciones, algunos vicios, pero era encantadora. Terminó de cantar y esperé algunos segundos antes de abrir los ojos. La encontré de pie delante de mí. Estaba avergonzada, pero feliz.

—Bueno, listo.

—…

—¿Y?

—¿Qué puedo decirte? Que te agradezco este obsequio. Gracias, de verdad.

—Pero… ¿Te gustó?

—Sí —le dije, y no mentía—, me gustó mucho. Fue un momento hermoso.

Me miró, sonrió y se acostó en el diván.

—Me costó mucho hacerlo.

—Lo sé. Pero…

—No, déjame hoy vine valiente. Y hay algo de lo que te quiero hablar.

Pausa.

—Te escucho.

No era su canto lo único que Majo decidió regalarme aquella tarde.

—Fue hace dos años. Después de una discusión con mi novio. Me sentía deprimida, angustiada. Estaba en mi cuarto y lloraba. Entonces pensé en cuánto necesitaba a mi abuela, cuánto la extrañaba. Me puse a pensar en ella con mucha fuerza, tratando de encontrar su recuerdo en mi interior.

—¿Y?

—Y el recuerdo que me venía era el de aquella última imagen, el de su cuerpo frío, duro como el mármol. Y sentí que eso no me servía, que debía contactarme con ella de otra manera, más real. Que ella seguía viva de alguna forma que yo desconocía y que tenía que encontrarla allí donde estuviera. Y entonces lo hice.

—¿Qué cosa hiciste?

—Fui hacia la muerte.

Lo que me estaba contando era muy fuerte para ella y para mí, pero ya no podíamos detenernos.

—¿Cómo lo hiciste?

—Fui al baño y agarré una caja de pastillas para dormir que había en casa. Las conté y las fui tomando una por una. Sin apuro.

Silencio. Respira profundo.

—Pasaron los minutos. Me fui relajando. Sentía que me iba quedando dormida. Pero yo no quería eso. Necesitaba estar consciente, porque en definitiva, si no lo hacía me iba a morir, y yo no quería morirme… No al menos sin saber lo que era la muerte.

Yo no emitía el menor sonido. No quería que nada perturbara su recuerdo y su relato. Dejaba que ella dispusiera a su antojo de la sesión, de los momentos de silencio y de los tiempos de su narración.

Estaba seguro de que Majo no había hablado de esto con nadie más hasta ahora, ni siquiera con Valeria, su mejor amiga. Y es más: tal vez ni siquiera con ella misma.

—Hasta que me di cuenta de que era inútil, que de esa manera no iba a encontrar la respuesta a mis dudas, y entonces hice un esfuerzo enorme. Me levanté como pude. Todo me daba vueltas. Salí de mi habitación, mi hermana estaba en su cuarto, la escuchaba hablar por teléfono con alguien, me llegaba como una voz muy lejana, pero yo tenía que alcanzarla. Abrí la puerta y le dije: «Ayúdame…».

Silencio.

—¿Y qué pasó después?

—No sé. Me desperté en la habitación de un hospital. Bueno, ya sabes: lavados de estómago y esas cosas, la cara de mis padres… pobres, no entendían nada.

—¿Y tú? ¿Entendías algo?

—No. Pero me dio más pena por ellos, porque siempre me dieron todo, y yo los amo. De poder elegirse, estos son los padres que hubiera elegido para mí, pero bueno, necesitaba saber. ¿Tan mal está querer saber?

Me convoca con su pregunta a darle algún sentido a esta escena. A ponerle algún límite a este deseo tan fuerte y a la vez tan peligroso para ella. Me está pidiendo ayuda. Ese «ayúdame» hoy no está dirigido a su hermana, sino a mí.

—Majo, claro que no está mal tener el deseo de saber. Pero hay ciertas cosas con las que tenemos que aprender a vivir. Y una de ellas es que no podemos saberlo todo: jamás vamos a encontrarle una explicación a la muerte.

Le doy unos segundos para que piense en lo que le estoy diciendo.

—No estás sola con esta duda, es algo que nos perturba a todos, desde que existimos como género humano. Y cada cultura ha buscado la manera de responder a este interrogante como pudo. Así surgió la mitología y más tarde la religión. Tú puedes creer o no, no estoy cuestionando eso. No estoy diciendo que Dios no exista, eso lo dejo librado a tu conciencia y a tu fe. Pero, independientemente de eso, Dios es una de las respuestas que la humanidad encontró para calmar la angustia que genera el desconocimiento acerca de la muerte. Fíjate, tú dices que tu abuela en algún lado está. Eso me indica que crees que hay algo más, pero la escena que me contaste me muestra que las respuestas de los libros no te alcanzan. Por eso fuiste a buscar más allá. Pero, Majo, más allá no debes ir… Porque más allá está el aniquilamiento de tu propio ser.

—¿Qué hago entonces?

—Pues… vas a tener que aprender a soportar la duda. Todo no se puede saber. Nadie puede saberlo todo. Nadie, excepto Dios, si es que tú crees en él. Pero tú, Majo, tú no eres Dios. Entonces, vas a tener que vivir como lo hace la mayoría de los mortales comunes.

—¿Y cómo es eso?

—Con la duda, a veces con la angustia de no saber qué hay más allá de esta vida. Pero ir en busca de certeza en este tema es ir en busca de la propia destrucción. Porque en lo referente al misterio de la muerte no hay certeza posible: solo teorías, pensamientos, dudas… Y a veces angustia. Pero bueno, no está mal angustiarse ante algunas cosas, ¿no?

Silencio.

—¿Y mi abuelita?

—Tu abuelita ya no está aquí, ya no tiene presencia real en este mundo. Entonces… Búscala en tus recuerdos, en los momentos compartidos, y si no te alcanza, aprende a vivir sin ella.

Silencio.

—Gabriel.

—¿Qué?

—¿Me vas a ayudar?

—Por supuesto. Aquí estoy mientras me necesites.

De alguna manera mis palabras la calmaron. Me estaba convocando a aplacar su angustia. Si se quiere, me pedía que ocupara el lugar de la abuela muerta. Y bueno… no siempre el lugar del analista es el mejor de los lugares.

Trabajamos con Majo tres años más. Poco a poco fue realizando el duelo por la muerte de su abuela. Cada tanto lloraba, se enojaba, decía no entender. Pero lo decía. Y esto era bueno. Porque ponía palabras a su angustia.

Hay una máxima que todo analista debe conocer: «Lo que no se pone en palabras, se pone en acto».

Majo ya había llevado adelante un acto. Y fue la imposibilidad de nombrar lo que la angustiaba, la razón que la indujo a hacerlo. Pero ahora podía hablar y en nuestras sesiones le dedicaba mucho tiempo al tema, a la vez que íbamos trabajando sobre sus proyectos de vida.

Quería bailar, quería cantar. Majo quería vivir, y eso era lo importante.

Pasó el tiempo, y Majo dejó de obsesionarse con esta cuestión de la muerte. Hasta que un día el tema volvió a nuestro consultorio.

Recuerdo aquella sesión con una claridad dolorosa.

Había ido a hacerse unos estudios de rutina por razones de exigencia universitaria. Ni siquiera me lo había comentado, porque no era más que un trámite.

En esa sesión había estado hablando de una pelea con su novio. Nada extraño. Y de repente, cuando ya estábamos terminando, casi sin darle importancia, me lo dijo.

—Tengo leucemia. No sé si se lo voy a decir a Sebastián. Porque si él ni siquiera es capaz de…

—Majo, espera. ¿Qué dijiste?

Se dio vuelta en el diván y me miró. Con una carita tierna. Se encogió de hombros y volvió a acomodarse.

—Sí. Tengo leucemia.

—¿Estás segura?

Hice esta pregunta porque no es raro que los adolescentes fantaseen y exageren las cosas hasta volverlas dramáticas. Pero no era el caso. Este sí era un drama.

Entonces me contó acerca de los exámenes y de cómo se enteró. Le dije que quería comunicarme con el oncólogo a cargo de su caso y con sus padres. No solo aceptó, sino que casi agradeció que yo me ocupara de introducir al espacio analítico a su médico y a su familia.

Me entrevisté con los padres, llamé al médico y decidí proponerle a Majo la posibilidad de vernos dos veces por semana y además sumarla a un grupo terapéutico. Aceptó todo. Quería pelear y confiaba en mí.

—Juntos vamos a poder —me dijo.

Yo quise decirle que sí. Pero mi compromiso con ella era el de ser siempre sincero y no ocultarle jamás la verdad. Y sabía, como se lo había dicho a ella, que a veces en la vida hay cosas que no se pueden. Por eso al despedirnos le di un abrazo enorme (ella lo necesitaba y yo también) y le dije:

—Te juro que lo vamos a intentar. Y que pase lo que pase, voy a estar a tu lado siempre.

—¿Tienes miedo?

—¿Tú no?

—No. Yo descubrí que quiero vivir. Y voy a vivir. Tal vez…

—¿Tal vez qué?

—Sea esta la oportunidad de averiguar cómo es la muerte.

No dije nada. Nos despedimos con los ojos llenos de lágrimas.

Recuerdo que entré en el consultorio, me senté en el diván, respiré profundo y pensé: «No puede ser». Pero era; y tenía que aceptarlo. En ese instante decidí que iba a trabajar con todo el arsenal de mis conocimientos, de mi tiempo, de mi energía, para ver si podíamos revertir la situación. Pero no solo Majo no era Dios. Yo tampoco.

Cuando planteé al grupo la posibilidad de incorporarla a las sesiones, aclaré que podía ser muy duro aceptar a un miembro con una enfermedad posiblemente terminal. Pero —agregué— pensaba que ellos podían ayudarla mucho y que a su vez, y así lo creía realmente, Majo sería de gran utilidad terapéutica al grupo.

Dos de los miembros me pidieron una semana para pensarlo, a lo que accedí, por supuesto. En la próxima sesión dieron su consentimiento. La entrada de Majo en escena no pudo ser más impactante.

—Hola —se presentó—. Soy Majo. Canto, bailo y estudio la carrera de Recursos Humanos. Gabriel me dijo que creía que mi incorporación podía ser favorable para ustedes y para mí. Y bueno, aquí estoy para averiguarlo.

No dijo nada de su enfermedad. Y la sesión transcurrió en medio de un aire algo enrarecido. Preferí esperar para ver cómo el grupo manejaba el tema. En la mitad de la sesión, Jorge, el más conflictivo de todos, decidió abordarlo. A su manera.

—Gabriel, me parece que aquí hay algo que nadie dice, y yo siento la necesidad de hacerlo. Porque me angustia, y porque no sé si puedo servir de algo a una persona que se va a morir.

Se hizo un profundo silencio. Y fue Majo quien lo interrumpió inmediatamente.

—¿Te refieres a ti?

—¿Qué?

—Sí. Pregunto si te refieres a ti. Porque tú también eres una persona que se va a morir. ¿O te crees inmortal? Y tienes treinta y cinco años, no tienes novia, te llevas mal con tu familia y estás más solo que un perro. A ver, dime: ¿hace cuánto que no coges?

Jorge estaba sorprendido.

—¿Y eso qué tiene que ver?

—Sin vueltas —lo increpó Majo—. ¿Cuánto?

Luego de un silencio incómodo, él respondió:

—Dos años.

Majo asintió.

—Yo anoche. Y estuvo hermoso. Así que si a alguien tienes que tenerle lástima no es a mí, que tengo veintidós años y estoy llena de sueños. Es cierto, yo tengo un problema, pero tú también tienes el tuyo. —Pausa —. Mejor hagámonos cargo cada uno del suyo y veamos si podemos ayudarnos.

Desde ese instante mismo, Majo se convirtió en el centro del grupo. Era la que más opinaba, la que tenía más coraje y pasó a liderar el funcionamiento de la dinámica grupal. Un día, más o menos un mes después, se presentó rapada a la sesión individual.

—¿No me queda hermoso?

—Sí —le dije.

Y era realmente así.

Cuando las sesiones de quimioterapia resultaban muy fuertes no podía venir. Entonces, era yo el que iba a su casa. Tomábamos un café en la cocina y obviamente prescindíamos del diván. Dado que los resultados de la terapia oncológica no eran buenos —el médico me dijo que casi no había esperanzas— se decidió hacerle un autotrasplante de médula.

La acompañé en cada momento. No solo por ella. También yo lo necesitaba.

Recuerdo una sesión en la que hablamos por teléfono uno a cada lado del vidrio de su habitación aislada. Estaba neutropénica (es decir, sin defensas) y no podía tener contacto con nadie. Sin embargo, se encontraba animada y me repetía que la enfermedad no la iba a vencer. Cada vez que me lo decía yo pensaba: «Ojalá, Majo, ojalá».

Compartí con ella todos esos momentos. Horas de charla, sesiones individuales, grupales y salas de espera en terapia intensiva con su familia, a la cual llegué a querer profundamente. Es más, aún hoy, cada vez que nos cruzamos, nos damos un abrazo emocionado.

Una mañana de domingo pedí permiso a la guardia de terapia intensiva para verla. No era horario de visita, pero la familia estaba desesperada, de modo que me presenté como el terapeuta de Majo y pedí autorización para ingresar a la sala y un informe médico. Aceptaron ambas cosas.

Cuando la vi acusé el golpe.

Desgraciadamente tengo experiencia en visitas a terapias intensivas por cuestiones profesionales y también personales. No me gustó verla así. Me acerqué. Ni siquiera sabía si me escuchaba, creo que no, pero necesité acariciarle la cabeza, darle un beso y le dije:

—Aquí estoy, Majo. A tu lado, como te lo prometí.

El médico de guardia que me acompañaba se quedó mirándome.

—Licenciado —me dijo—, usted sabe que esto es imposible de remontar, ¿no? A no ser que crea en los milagros.

No me lo dijo de mal grado, sino de profesional a profesional. Como corresponde, con respeto, pero con la verdad por cruel que sea.

—Doctor —le respondí—, no tengo el don de la fe, ni creo en los milagros. Pero si alguien en el mundo lo merece, es esta chica que usted ve aquí, peleando por su vida.

Me miró a los ojos.

—Haremos todo lo posible.

Tomé la mano de Majo y le dije:

—Nosotros también.

Su energía y sus ganas de vivir eran tantas que por momentos yo confiaba en revertir la situación. Es más, si bien hablábamos de su enfermedad, jamás fue el centro de nuestras sesiones. Majo soñaba un futuro y empezamos a trabajar, desde poco antes, un tema que ella quería resolver. Por suerte pudo hacerlo y estaba feliz cuando me lo contó.

—Lo logramos —me dijo radiante.

Esa fue nuestra última sesión.

Tuvo una recaída y la internaron de urgencia. Hablé con ella por teléfono al mediodía y quedé en pasar a verla a la mañana siguiente. Se le escuchaba como dentro de un túnel a causa de la máscara de oxígeno. Y bromeamos con eso.

—Te espero —me dijo.

—Mañana nos vemos —respondí.

Esta fue la única promesa que no pudimos cumplir.

En la noche, su padre me dio la triste noticia. Corto, breve, sencillo, trágico.

—Majo acaba de morir.

No supe qué decir.

Corté y lloré mucho. Me sentía culpable. Sabía que ese tipo de enfermedades tienen un componente psicosomático. ¿Tal vez podría haberlo hecho mejor? El dolor me desgarraba. No podía creerlo.

Fui hasta mi consultorio, me senté en mi sillón y me quedé mirando el diván. Nunca, jamás en mis años de profesional, había sentido un dolor igual.

Majo ya no vendría más a sesión. No volvería a acostarse en mi diván y sentí, como Saint-Exupéry, que jamás volvería a escuchar aquella risa cristalina.

En la noche fui al velatorio. Permanecí a su lado, acompañándola hasta el último momento, como se lo prometí, mirándola, y me identifiqué con la imagen de aquella niña que miraba cautivada a su abuela muerta. Majo era su abuela y yo era ella. Tal vez quería rescatarla y traerla otra vez a mi lado.

Supe que murió en brazos de su madre, una de las personas más fuertes que conocí en mi vida. Nos despedimos esa noche con un abrazo fuerte y sincero. Todos, incluida Majo, hicimos lo posible. Pero no todo se puede.

Y así fue mi historia con Majo.

Muchas veces siento, como ella lo sentía con su abuela, que en algún lugar está. Hoy ya no atiendo en el mismo sitio. Sin embargo, cada día, cuando termino mi trabajo, antes de cerrar el consultorio, siento su presencia. Tal vez sea solo una necesidad mía. No lo sé.

Majo siempre se sintió atraída por el deseo de saber lo que era la muerte, aunque quería vivir con todo su corazón. Por eso dejo para cerrar este relato algo que me dijo su mamá. Como analista de Majo, me interesaban sus palabras. Todas. Incluidas las últimas de su vida.

—Vicky —le pregunté—, ¿Majo dijo algo antes de morir?

—Sí —respondió—. Me miró y me dijo: «Así que esto era la muerte».

LOS CELOS Y SUS MÁSCARAS

(LA HISTORIA DE DARÍO)

Me llevan rumbo al fracaso.
pasos que nacieron antes que mis pasos.

A. DOLINA

Miro el reloj. Las nueve y cuarto de la noche. Hace quince minutos que Darío debería haber llegado a sesión. Es muy raro, se trata de un paciente puntual, jamás faltó sin avisar, sería la primera vez. A ver, aquí está su historia clínica. ¿De qué estuvimos hablando en el último encuentro? Veamos si hubo algo que pudo motivar esta demora y...

Timbre.

Debe de ser él.

—Hola. Sí, Darío, sube.

Abro la puerta y me quedo esperando a que llegue el elevador. No más de un minuto. Ya está aquí.

—Pasa, por favor.

Está desencajado. Se le ve nervioso. Vamos hasta mi consultorio. Cierro la puerta, deja su portafolio apoyado contra la pared y se tira en el diván. Me siento en mi sillón y espero a que hable. Pasan unos minutos.

—Tocamos fondo, Gabriel.

—No sé a qué te refieres.

—Hoy llegué tarde porque me quedé haciendo algo.

—¿Qué te quedaste haciendo?

—¿Te acuerdas de eso que estuvimos hablando de mis diferentes disfraces, mis personajes?

—Sí.

—Bueno, apareció uno nuevo. Pero este no me gusta nada, no puedo justificarlo desde ningún punto de vista.

—¿Y de qué te disfrazaste esta vez?

Toma aire y suspira.

—De detective privado.

Detective privado. Eso implica que estuvo hurgando en la privacidad de otro, tal vez revisando una agenda, un correo electrónico u observando escondido detrás de un árbol. ¿Qué habrá hecho? Solo tengo una manera de saberlo.

—Bien, Darío. Te escucho.

Darío comenzó a analizarse conmigo hace dos años. Lo recomendó Andrés, otro paciente que era su amigo. Yo lo conocía por dichos de Andrés, quien lo describía como un ganador, un tipo seductor, «entrador» era la palabra que utilizaba. Alguien que se convertía de inmediato en el centro de la escena en cualquier lugar y en cualquier circunstancia. Un docente con una altísima capacidad, que lograba llegar a los alumnos con una facilidad envidiable.

—Mi amigo Darío me pidió tu teléfono. ¿Se lo puedo dar?

—Sí, claro.

—La verdad es que no me imagino para qué quiere ver a un psicólogo, si todo le sale bien.

A veces es curioso ver cómo la gente se confunde y genera una imagen de alguien que tan poco tiene que ver con la realidad.

Darío era, efectivamente, un joven simpático y agradable. Su ingenio, su buen humor, eran tan excesivos que su conducta parecía algo maniaca.

Cuando lo conocí tenía treinta años. Era profesor de música, egresado del Conservatorio Nacional Superior de Música de Argentina, y además tocaba el piano y componía maravillosamente bien.

Trabajaba en la misma escuela secundaria en la que Andrés daba clases de matemáticas. Como suelo hacer, en las primeras entrevistas indagué un poco en su historia y pregunté por su familia de origen. Darío es hijo único.

—Mis padres tuvieron siempre la mejor relación del mundo —me dijo—. En mí eso de que la culpa es de los padres no se aplica ni un poco. Debo ser la excepción que confirma la regla. Mis papás tienen una pareja hermosa. Siempre han sido muy compañeros, jamás los he visto pelearse. Por supuesto que han tenido alguna discusión tonta por cosas sin mucha importancia, pero nada de consideración. Es más, yo siempre soñé con llegar a tener algún día una pareja como la de mi padre… Bueno —se corrige— como la de mis padres debí decir.

Debió decir, pero no dijo.

Dijo que siempre soñó tener una pareja «como la de su padre». Y la pareja de su padre es su madre.

Si no hubiera sido una entrevista preliminar, yo habría marcado el lapsus y lo hubiera puesto a trabajar, pero debía resistir la tentación. El análisis aún no empezaba. De todas maneras lo escuché. En algún momento, seguramente, lo que Darío dijo nos iba a ser de gran utilidad.

El motivo de la consulta era su relación con Silvina, su novia. Una chica que por esos días tenía veintiséis años, y que trabajaba como profesora de educación física en la misma escuela que Darío.

—Es hermosa, tiene un cuerpo… Si la ves, te mueres ahí mismo donde estás sentado. Aquí tengo una foto, pero no te la voy a mostrar porque si no «tú también» me la vas a codiciar —bromea.

—Yo también… ¿y quién más te la codicia?

—Todos.

—Todos… ¿No será mucho?

—Te juro que no. Tiene un trasero infernal. Es increíble.

—Bueno, te felicito. Tienes una novia que te encanta. ¿Puedo saber cuál es el problema entonces?

—Pues, que no solo me encanta a mí. Como te decía, todos mueren por ella, todos la miran. Ella prepara a las alumnas para las competencias de gimnasia artística de la escuela, y cuando ensayan va con la mallita de baile y con las medias que se le meten bien en el trasero, y los babosos de los padres y los otros profesores no dejan de mirarla. Se les cae la baba.

Lo primero que me llama la atención es la fuerza que la mirada tiene en el discurso de Darío: «Si la ves te mueres», «todos la miran», «aquí tengo una foto» (que solo mira él, siendo de alguna manera dueño de lo que yo puedo o no mirar). Una vez más decido guardar este dato y no marcarlo por ahora. Prefiero que me siga contando qué le pasa a él con la atracción que Silvina parece tener sobre los demás que «no dejan de mirarla».

—Y eso te molesta.

—¿Si me molesta? Me pone loco. Es el motivo de todas nuestras discusiones.

—¿Discuten seguido?

—Todos los días, todo el tiempo.

—¿Quién de los dos empieza las discusiones?

—Ella, o no, en realidad yo… Bah, no sé.

—Discúlpame. ¿Ella, tú, o no sabes?

—Bueno, ella empieza cuando decide ponerse esos pantalones que le marcan todo, o esas minifaldas que son ya una provocación.

—Espera un poquito. ¿Tú me estás diciendo que consideras que cada vez que ella se viste está iniciando una discusión?

Se ríe.

—Suena medio tonto ¿no?

—Al menos un poco raro. ¿Quieres que hablemos del tema?

—Mira, Gabriel, yo estoy seguro de que ella no provoca a nadie voluntariamente y de que sería incapaz de engañarme. Lo sé aquí, en mi cabeza, pero aquí —se toca el pecho— no puedo evitar sentir lo contrario. Sentir que sí, quiere provocar a los demás. No quisiera sentirlo, pero esto de los celos es incontrolable, se me escapa, no lo puedo evitar.

Pues bien, hizo aparición el síntoma.

Cuando un paciente reconoce «que no lo puede evitar» está diciendo: «Lo sé, lo entiendo, pero no puedo, es más fuerte que yo». Y es allí cuando nos convoca a ayudarlo.

—Darío, te comprendo. —Muchas veces hacerle saber al paciente que uno lo entiende, que puede hablar de lo que le pasa sin vergüenza, que no lo vamos a tomar como un bicho raro, ya ejerce una influencia tranquilizadora—. Y si tú quieres, podríamos iniciar un análisis para que tengas un espacio en el cual puedas hablar sobre estas cosas que tanto te molestan y que no puedes evitar.

Estuvo de acuerdo e hicimos el contrato analítico. Vendría a sesiones una vez por semana y trabajaríamos con la técnica del diván.

Y así empezó nuestro análisis. Durante el primer tramo me dediqué a escucharlo mucho e intervenir poco, cosa que no era sencilla porque Darío siempre me preguntaba acerca de lo que debía hacer, cómo íbamos a seguir o me solicitaba algún consejo.

Trabajamos mucho el tema de sus celos y la relación con su autoestima.

Los celos se encuadran en el marco de una relación triangular. En esta problemática hay tres elementos en juego: el enamorado, el amado y «el otro», y el temor que tiene el celoso es que la persona que él ama le dé a «ese» otro (que suele ir cambiando con el tiempo) lo que solo le debería dar a él. ¿Y por qué se lo va a dar a otro? Allí se le impone inconscientemente el siguiente razonamiento: se lo da a otro porque lo quiere más que a él. Y lo quiere más porque seguramente el otro es mejor y más valioso.

Con Darío vimos cómo en sus celos entraban en juego su inseguridad y su baja cuota de amor propio.

Esta manera de relacionarse tiene mucha incidencia en lo que respecta al tabú de la virginidad, tema con el cual Darío tenía muchos problemas, ya que Silvina tuvo relaciones con dos hombres antes que él. Llegamos a la conclusión de que no era la mera falta del himen lo que lo acongojaba, porque no era ese objeto lo que a él le importaba. Lo que a Darío le molestaba era que hubiera existido alguien al cual Silvina le entregó algo que a él no. Esto se agudizaba por tratarse de un objeto irrecuperable. Algo que no podía darse dos veces.

Las sesiones en las que trabajamos sobre todo esto para él fueron muy angustiantes.

En el tiempo dedicado a aquella temática, aparecía muy seguido en su discurso la necesidad que tenía de ser protagonista todo el tiempo y en todo lugar. Yo seguía guardando en mi mente estos datos esperando el momento preciso para usarlos en favor del tratamiento. Honesto es decir que, muchas veces, esos momentos no llegan nunca. Pero esa es la apuesta del analista. Esperar y confiar en que el trabajo va a ir abriendo puertas que nos permitan acercarnos a la verdad del paciente.

En una sesión hablábamos con Darío acerca de su relación de pareja y surgió el tema del amor.

—Obvio que la amo. ¡Mira lo que me preguntas!

—Yo no lo veo tan obvio. El amor es algo mucho más complejo de lo que se cree.

—Explícate.

Como buen docente, Darío amaba las explicaciones. Yo solía no dárselas, pero esa vez me pareció oportuno introducir una visión nueva sobre el tema para que pudiera pensar en lo que le pasaba.

—Podríamos decir, aunque suene esquemático, que hay tres momentos en el desarrollo de un amor maduro: enamoramiento, desilusión y aceptación de la realidad.

»En el primer momento, el amado es alguien maravilloso, no tiene defectos, nadie es mejor que él, está terriblemente idealizado, casi endiosado. El amado se ve engrandecido y en cambio, el enamorado, se va empequeñeciendo, hasta el punto tal de no poder entender cómo alguien tan perfecto se fijó en él.

»En el segundo momento comienzan a percibirse algunas imperfecciones en la persona amada. Se corrobora que ante determinadas situaciones su carácter no es el mejor, que en algunas cosas se equivoca, y esos rasgos, que ya estaban pero que el enamoramiento impedía percibir, producen pena y desilusión y así como en el primer momento alguien ya quería casarse y estar junto al otro para toda la vida, en este segundo momento es probable que quiera que se vaya para siempre.

—Entonces, ¿qué se debe hacer?

—Reconocer que ambos momentos son engañosos, y que ninguno de los dos es el amor.

—¿Y qué es el amor, entonces?

—Tal vez podríamos pensarlo como un tercer momento en el cual se ve al otro de un modo más veraz. Ni tan idealizado ni tan degradado. No es ni Dios ni el demonio. Es solo alguien con el cual se elige estar, reconociendo sus virtudes y sus carencias. Y, si a pesar de ellas, se acepta y se puede ser feliz a su lado, solo entonces podemos hablar de un amor maduro; de un vínculo capaz de proyectarse en el tiempo de una manera sana. Porque una parte importante de la relación amorosa se juega en esta posibilidad de reconocer los defectos del otro y preguntarse, sinceramente, si se puede ser feliz a pesar de ellos.

Silencio.

—No sé si me gusta lo que me dices.

—¿Por qué?

—Pues, porque para mí Silvina sigue siendo maravillosa e incomparable. Siento que ella hace todo bien y yo todo mal y, a partir de lo que hablamos, yo ubicaría mi manera de amarla en esa primera etapa.

—¿Entonces?

—Entonces eso querría decir que lo que yo siento por ella no es un amor maduro.

—A lo mejor es así. De hecho, en tu caso, da la impresión de que no has podido pasar del plano del enamoramiento. Silvina permanece en un lugar muy idealizado. Ella es la valiosa, tú no. Ella está contigo porque es generosa y no porque la merezcas. Es como si en el fondo pensaras que te hace un favor estando a tu lado. Y seguramente no sea así. Algo tendrás para que alguien tan especial como Silvina te elija como pareja. ¿No te parece?

—Bueno, a lo mejor no está conmigo por lo que tengo, sino por lo que hago.

—Explícate, por favor.

—Es que yo hago mucho para que me quiera.

—A ver, cuéntame. ¿Qué cosas haces?

—La paso a buscar todos los días para llevarla a la escuela, aun cuando yo no tenga que dictar clase, acomodo mis horarios. Le regalo cosas todo el tiempo, le cocino lo que a ella le gusta, le hago los trámites, le pago las cuentas para que no tenga que molestarse. ¿Quieres que siga?

—Como quieras. Pero antes déjame preguntarte algo. ¿Tú disfrutas de hacer todo eso?

—No, qué voy a disfrutar… Eso no tiene nada que ver conmigo, pero lo hago para que me quiera.

—Es decir que eres un farsante, un simulador.

—¿Qué?

—Déjame ver. ¿Cómo podríamos decirlo? —Pienso unos segundos—. Veamos, creo que esta imagen puede servirte. Tú te disfrazas, te enmascaras para agradarle.

—No entiendo.

—Claro. Te disfrazas de chofer y la pasas a buscar para llevarla a todos lados, te disfrazas de Santa Claus y apareces todos los días con el regalito bajo el brazo, te disfrazas de cocinero —o de chef, si te parece más fino—, para agasajarla, te disfrazas de gestor gratuito y le pagas las cuentas. Pero tú no eres, según me dices, ninguno de esos personajes. Y es allí donde me pregunto ¿cómo va a hacer Silvina para amarte a ti si no te conoce, si siempre estás escondido detrás de alguna máscara que a ti te parece que a ella le va a gustar?

—Llegado a ese punto, algo vino a mi mente: «La importancia que para Darío tiene la mirada»—. Y me pregunto también —continué— ¿por qué usas tantos disfraces? ¿Para que ella vea algo que le guste, como dices tú, o —y esto era lo que yo creía— porque hay algo que necesitas ocultar de la mirada de los demás?

La siguiente sesión, Darío trae un sueño.

—Yo estaba en la fiesta de una boda. No sabía bien quiénes se casaban, pero era una fiesta muy grande. Habría unas doscientas personas. Yo iba caminando por el salón con Silvina de la mano. En un momento, me doy cuenta de que todo el mundo nos está mirando. ¿Qué pasa, me pregunto? Giro la cabeza hacia ella y veo que está con malla de baile. ¿Qué haces —le pregunto—, todas llevan vestido largo y tú vienes así?

Pero ella no me hace caso, ni me mira. Me suelta la mano y va hacia el centro del salón donde se pone a bailar de modo provocativo. Todas las miradas están puestas en ella. La gente empieza a acercarse y hacen un círculo a su alrededor.

Allí Darío hace un chiste.

—Como en el tango: «Se formaba rueda pa' verla bailar». Silvina era Mireya.

Este es un momento decisivo. Darío me está ofreciendo, no una puerta de entrada a su inconsciente, sino dos. Un sueño y un chiste al mismo tiempo. Y además, me convoca a escuchar algo allí, en ese relato. Pero no puedo esperar, porque su convocatoria es urgente y clara: Mireya... Mire-ya. Es decir: Mire (escuche) ya (ahora) que estoy diciendo algo importante.

¿Qué es lo que quiere que mire ya, antes de que se nos escape?

En el Psicoanálisis, así como el paciente debe decir todo lo que se le venga a la mente, sin evaluar si le parece relevante o no (esa es la regla fundamental, la asociación libre) los analistas tenemos un equivalente en nuestras intervenciones: la «atención flotante», que nos compromete a darle lugar a las ideas que se nos cruzan por la cabeza. Y así lo hago. Tomo la primera idea que se me ocurre e intervengo.

—Dices que «todas las miradas están puestas en ella». ¿Preferirías que estuvieran puestas en ti?

¿Qué dije? Al escucharme sentí que mi pregunta no tenía demasiado sentido, que interrumpí su relato de manera torpe. Pero para mi sorpresa, Darío se quedó mudo unos segundos y, con gran esfuerzo de su parte me devolvió una respuesta inesperada. Algo que jamás podía sospechar.

—Gabriel, me da mucha vergüenza esto que voy a contarte. Resulta que yo, a veces, muy de vez en cuando… —Suspira. Se toma un tiempo más—. Obligo a la gente a que me mire.

Silencio.

—¿Darío, podrías ser un poco más preciso?

—Uff, qué difícil —protesta—. Tú sabes que yo vivo en un *country* de zona norte. Bueno, a veces, antes de volver a casa, suelo ir con el auto hasta alguna zona humilde del conurbano. A esa hora hay muy poca gente y empiezo a recorrer las calles.

—¿Buscando algo?

—…

—¿Buscando a alguien?

—Sí.

—¿A quién?

—A una mujer.

—¿Cuál?

—A cualquiera.

—¿Y qué haces?

—Gabriel, tú no me vas a querer atender más después de saber esto.

—Darío, yo no estoy aquí para juzgarte, sino para ayudarte. Y para que yo pueda hacer eso, tú tienes que confiar en mí.

Pausa.

—Bueno, alguna vez tenía que ser.

—Te escucho.

—Siempre es igual —me cuenta con dificultad—. Paro en alguna calle oscura y empiezo a masturbarme. Pero solo hasta excitarme, y una vez que estoy así, caliente, empiezo a dar vueltas con el pene afuera. Y cuando veo a una mujer que me parece adecuada me acerco, bajo la ventanilla y le digo algo. A veces, una pregunta cualquiera para que se acerque. No sé, le pregunto por una calle o algo así, y entonces, ella mira y me ve, con el pene erecto… Y ahí sí, le digo algunas cosas.

—¿Y?

—Y me voy.

Se hace un silencio bastante incómodo. Percibo su angustia y, por qué negarlo, también la mía. Él teme que yo no quiera seguir atendiéndolo después de lo que estamos hablando, y yo no sé si quiero seguir escuchando lo que tiene para decirme.

Por un momento no pude evitar imaginar a Darío, por las noches, dando vueltas en su BMW, llevándose la mano a su pene erecto, acechando con su mirada, buscando una víctima. Su auto caro circulando con las luces apagadas y adentro sonando, como en una enorme paradoja, la música sublime de Chopin, su músico favorito. No puedo evitar sentir asco por lo que hace. Pero no debo permitir que mis emociones se entrometan en la sesión. Así es el análisis. Muchas veces, no solo el paciente debe continuar a pesar de sus resistencias.

—Darío, yo creo que no se trata de «cualquier mujer», porque dices que das vueltas hasta encontrar «una mujer que te parece adecuada». ¿Adecuada para qué?

—Para mostrarle.

—¿Y qué características debe tener esa mujer?

—Mira, yo puedo estar loco, pero no soy un degenerado. Yo no molesto a niñas ni a adolescentes. Por lo general, tienen que ser mujeres a las que no pueda hacerles demasiado mal con mi actitud. Mujeres ya hechas.

—¿Mujeres grandes, quieres decir?

—Sí. —Darío mira su reloj e intenta una huida—. Nos pasamos del tiempo de sesión.

Intenta ponerse de pie, pero lo detengo con un gesto.

—¿En qué momento convinimos nosotros que la sesión tenía un tiempo predeterminado? Sigamos. —Se quiere escapar.

Pero necesitamos aún algunos datos más—. ¿Esas mujeres tienen alguna característica en particular?

—No entiendo.

—Pregunto si tienen que ser rubias, o morenas, o muy lindas, o…

—No, qué va. Al contrario, por lo general son feas. No tienen lindo cuerpo ni linda cara, no están vestidas para salir, sino que vienen de trabajar, se les ve cansadas, mal vestidas a veces. No tiene nada que ver con nada, ¿no?

Sí que tiene que ver. ¿Pero con qué? Aún no lo sé.

—¿Y cómo terminan generalmente estos episodios?

—Pues… me insultan, o le pegan una patada al coche. Yo arranco a toda velocidad y me voy. Después vuelvo a mi casa. Voy al baño —se interrumpe— me masturbo, me lavo las manos y, como vuelvo a la hora de la cena, me siento a la mesa a comer con mis papás.

—Y en esos momentos, ¿piensas algo en particular?

—Sí, en que ni mi papá ni mi mamá saben lo que hago. Y por dentro es como si les gritara: «¿Cómo carajo no se dan cuenta, tan poco me conocen? ¡Miren lo que hace su hijito!».

«Miren» lo que hace su hijito. Parece que Darío necesita de esa mirada de sus padres. Pero ¿para qué?

—Darío, creo que esto que me cuentas tiene mucho que ver con el tema de tus celos con Silvina.

—¿Qué? ¿Qué puede tener que ver ella con esto?

—No ella, sino tu actitud con ella.

—No entiendo.

—Lo que te estoy queriendo decir es que deberías preguntarte si no estás proyectando en Silvina la culpa que te generan tus actos exhibicionistas.

—¿Quieres decir que yo muestro y después me enojo con ella?

—Sí, pero hay un mecanismo previo.

—¿Cuál?

—El de proyectar en ella tus deseos.

—¿Y cómo funcionaría eso?

—Fácil. Tú dices que ella se viste con mallas que se le meten en el culo, con minifaldas que muestran todo, con playeras que le marcan los pechos. Es decir, que la estás acusando de desear que los demás «la miren todo el tiempo». Y yo me pregunto: ¿es ella o eres tú el que necesita «ser el centro de las miradas»? Piénsalo. Porque, a lo mejor, enojarse con Silvina es una manera patológica de llevar tu atención afuera, y si es así, sería bueno volverla hacia ti. Tal vez podamos descubrir algo.

Silencio.

—¿Vas a seguir atendiéndome?

—Darío, piensa en lo que hablamos. Nos vemos la próxima.

La sesión siguiente trajo otro sueño.

—Subo las escaleras de una mansión. Sé que no debería estar allí y que quisiera no estar, pero no sé cómo terminé en esa casa. Llego a la planta alta y me detengo ante la puerta de una habitación. Escucho el llanto de un niño, un niño de unos cinco o seis años. Quiero entrar a ayudarlo, pero el miedo me paraliza. No sé qué pasa en el medio, pero de repente me veo ante la puerta de otra habitación. Adentro hay una pareja peleando. Yo no puedo verlos, pero escucho cómo el hombre maltrata a la mujer, la insulta, le pega. Otra vez quiero intervenir, y otra vez no puedo. Estoy realmente paralizado. De repente, ella grita y yo me despierto.

Muchos creen que los analistas tenemos el poder de descifrar los sueños ajenos. Pero no es así. Son los pacientes los que conocen, aunque no lo sepan, lo que sus propios sueños significan. Nosotros solo los ayudamos a traducir lo que ellos dicen en un idioma que les es desconocido. Somos como modernos «champollions», pero para poder descifrar el sentido oculto de un sueño hay que trabajar mucho y en conjunto. De modo que comienzo este trabajo, como no puede ser de otro modo, pidiéndole a Darío que hable para ver si puedo escuchar algo de lo que él inconscientemente sabe pero conscientemente no puede decir.

—Te escucho. Dime qué se te ocurre con respecto a este sueño.

—Lo que sé es que yo sentía mucho enojo y mucha impotencia.

—¿Por qué?

—Por no poder hacer nada. Por tener que contentarme con escuchar y no poder intervenir.

—¿Y cómo sientes que deberías intervenir?

—Para empezar, ayudando al niño. Ese niño está escuchando todo, está asustado, está… abandonado.

—¿Y quién lo abandonó?

—No sé.

—¿Los padres?

—No sé —eleva la voz—. Perdóname. Pero de repente me angustié.

—Como el niño de tu sueño.

—Sí.

—La pareja que está en la habitación, ¿son los padres?

—Sí —contesta seguro.

—¿Y son los que lo abandonaron?

—Sí.

Está terriblemente resistente. Debo preguntar todo el tiempo. Pero sé que si utiliza tanta energía en defenderse, es porque lo que está detrás del sueño debe de ser algo muy importante para él. De modo que continúo mi asedio.

—¿Y por qué piensas que lo abandonaron?

—No lo sé.

—Dime lo primero que se te venga a la mente.

—Porque tenían algo que hacer.

—¿Qué?

—No sé.

—Vamos. ¿Qué crees que tenían que hacer?

—¡Tenían que coger! —dice con molestia y se pone a llorar.

Está desconsolado. Y yo, llegado a este punto, lo dejo. Hago silencio y le permito estar a solas con sus pensamientos y con su dolor. Minutos después retomo la palabra.

—Darío, sé que no es fácil entender cómo funcionan los sueños, pero voy a tratar de ser lo más claro posible. Para armar un sueño, la psiquis necesita algunos elementos. Uno de ellos son los restos diurnos. Es decir, todas aquellas cosas que ocurrieron en el día o que vienen ocupando nuestros pensamientos durante la vigilia. El otro elemento, el fundamental, el que funciona como energía para generar un sueño, está constituido por deseos inconscientes que van a intentar una satisfacción, ya que no pueden lograrlo en la realidad, a través del sueño. ¿Me entiendes?

—Sí. Pero si ese deseo está reprimido es por algo.

—Por supuesto.

—¿Por qué?

—Porque es el deseo de algo tan fuerte y, por lo general, tan prohibido que no se podría soportar ni siquiera saber acerca de él.

—Pero en el sueño aparece.

—Sí, pero aparece disfrazado. Por eso cuando alguien cuenta un sueño dice frases tales como «estaba vestido como mi padre, pero no era mi padre».

—¿Y para qué se disfraza?

—Para eludir la represión. La misma represión que no lo deja surgir durante la vigilia.

—Comprendo.

—Bueno, además, suele ocurrir que en el sueño se revivan situaciones traumáticas que no han podido resolverse y que, por eso, reaparecen en la vida onírica buscando encontrar, justamente, esa resolución.

—Sigue, por favor.

—Ocurre que a veces, en este trabajo de armar el sueño, la psiquis no consigue disfrazar lo suficiente el deseo real o el hecho traumático.

—¿Y qué pasa en esos casos?

—En esos casos la persona se despierta, generalmente angustiada. Es lo que los analistas llamamos un «sueño de angustia».

—Mi sueño, entonces, fue un sueño de angustia.

—Así parece.

—¿Quieres decir que lo que vi en el sueño se parece demasiado a algo que deseo inconscientemente o a algo que viví?

—O que creíste haber vivido. Pero sí. Eso quiero decir.

—¿Y… qué más?

Como siempre, quiere explicaciones de mi parte. Pero necesito comprometerlo. Es su sueño, su historia.

—Muy bien. Hagámoslo juntos. ¿Quién es el niño?

—Soy yo. ¿No?

—…

—Pero entonces ¿quién es el protagonista del sueño, el que recorría la casa?

—Tú, también.

Los sueños permiten esas cosas: que alguien vuele, que atraviese tiempos y espacios o, como en este caso, que se desdoble.

—¿Yo soy ambos?

—Sí, y por eso es importante registrar las emociones de los dos. Sabemos que tú «no deberías haber estado allí». Dime entonces: ¿dónde deberías haber estado?

—En cualquier otro lugar.

—En cualquiera menos ese, y en ese momento.

—Sí.

—¿Por qué?

—No sé.

—Dijiste que «ese niño está escuchando todo». Pero ¿qué está escuchando, Darío?

—Lo que pasa en la habitación de al lado.

—¿Y qué es lo que pasa allí?

—No sé.

—Darío, no te hablo del sueño ahora, sino de tu pasado. ¿Qué pasó en la habitación de al lado que tú no deberías haber escuchado?

Pausa.

—Gabriel, en el sueño a la mujer le pegan. Mi papá nunca le pegó a mi mamá.

—¿Le pegan… estás seguro? Porque para la psiquis de un niño de cinco años, lo que pasa en esa habitación podría ser interpretado como algo violento. Pero analicémoslo a los ojos del adulto que eres hoy.

»Lo que dijiste es que desde afuera se escuchaban ruidos, un hombre que la insulta, ¿qué le dice? ¿Puta, perra? Él parece ejercer un dominio. ¿De qué manera? ¿Ven, toma, ponte así, haz esto o aquello? Y una mujer que se queja. ¿Se queja… o, tal vez, gime? Hasta que llega un momento en el cual pega un grito, ¿podríamos decir que tiene un orgasmo? Y tú te angustias y te despiertas. ¿Estás seguro de que a esa mujer le están pegando y no que está teniendo sexo? —Silencio—. Terminemos aquí.

Se levantó, salimos del consultorio, fuimos hasta el elevador, atravesamos el vestíbulo y salió a la calle sin decir ni una sola palabra.

Volvió a la semana siguiente, y a la otra. En ninguna de esas dos sesiones retomó el tema que habíamos trabajado. La tercera sesión posterior al análisis del sueño faltó. De modo que lo vi quince días después.

—El otro día estaba acostado en mi cuarto y me acordé de lo que hablamos hace como un mes, ¿te acuerdas? A raíz de mi sueño…

—Me acuerdo. Cuéntame qué pasó.

—Pasó que tuve un recuerdo.

—¿Qué recuerdo tuviste?

—Me acordé de una noche cuando yo tendría seis o siete años. Me vi acostado boca abajo, poniéndome la almohada en la cabeza para no escuchar lo que pasaba en el cuarto de al lado. Entonces recordé que no fue la única noche en la que ocurrió eso… que fueron muchas. Tú tenías razón: yo era ese niño al que abandonaban en su cuarto y al que obligaban a escuchar lo que no debía escuchar. Y me resonaban los gemidos de mi mamá. Es horrible.

—¿Qué cosa?

—Tener una madre a la que le guste tanto coger.

—Darío, eso no es horrible. Al contrario. Te diría que una mujer que disfruta del sexo seguramente estará más satisfecha, más sana y podrá llevar adelante sus roles, incluso el de madre, con mayor sanidad. Solo que los hijos no tienen por qué saber, ni deben participar de ningún modo de la sexualidad de los padres. Eso es lo terrible, «lo siniestro». Porque, justamente, si algo está excluido entre padres e hijos es la posibilidad de compartir la sexualidad. Porque eso es algo incestuoso. Y por eso la angustia. Aunque, seguramente, también te excitaba, lo cual también te generaba un profundo sentimiento de culpa.

Silencio breve.

—Y pensar que yo te dije que mi familia era un ejemplo, la excepción que confirmaba la regla.

—Darío, tú nunca me dijiste que tu familia era un ejemplo. Me dijiste que la pareja de tus padres era un ejemplo. Y quizás eso sea cierto. Pero a lo mejor, digo a riesgo de equivocarme, es posible que de tanto ser pareja no se ocuparon de ser padres. Por eso lo del niño «abandonado» de tu sueño. Abandonado porque estaba solo en su cuarto, y abandonado porque como contigo, su mamá no supo deserotizarse ante sus ojos.

»¿Te acuerdas que me dijiste que te gustaría algún día tener una pareja como la de tu papá? Bueno ¿no crees que eso ha tenido que ver con tus episodios de exhibicionismo?

—¿De qué manera? —me pregunta sorprendido.

—De dos maneras diferentes. La primera es que en cada exhibición tú actúas de modo activo lo que tuviste que padecer de un modo pasivo. Con una pequeña modificación.

—¿Cuál?

—A ti te obligaban a escuchar. Tú, a esas mujeres, las obligas a mirar. Pero salvando esa diferencia, tú les haces lo que te hicieron.

—No entiendo bien.

—Es un mecanismo que se arrastra desde la infancia y que sirve para aliviar la angustia proyectándola afuera. Piensa en una niña a la que acaban de ponerle una inyección. Es muy probable que vaya a su habitación y juegue a que ella es la doctora y le ponga inyecciones a sus muñecas.

—Comprendo. ¿Y la segunda manera?

—La segunda tiene que ver con la búsqueda de concretar ese deseo de «tener a la pareja de tu padre», es decir…

—Acostarme con mi mamá… —Guarda silencio. Percibo su angustia—. Es terrible, estoy loco.

Este es un momento muy complicado. El análisis de los sueños desveló una problemática edípica sin resolver que arrojó a Darío a las puertas mismas de su propio Infierno. Es necesario que intente detener su descenso antes de que la angustia sea inmanejable.

—Tranquilízate. Hablemos un poco de esto.

—¿Qué quieres que diga? Soy un enfermo.

—Darío, todos los seres humanos nacen unidos, y no solo físicamente, a su madre. De ella depende su vida en los primeros meses. Es la que da alimento, ternura, amor, la que da sentido decodificando cada uno de los llantos para saber si el bebé llora por hambre, por frío o por sueño. De chicos, estamos casi desesperadamente unidos a ella. —Utilizo intencionalmente el «nosotros» para hacerle sentir que estoy hablando de algo que nos ocurre a todos. Es menester que no se sienta un bicho raro.

—Pues bien, en estas condiciones es inevitable que se convierta en el objeto de amor más preciado. Es más, es la primera en tocarnos y acariciarnos cuando nos duerme o nos baña. Nos abraza mientras nos da la teta. Por ende, tampoco es raro que sea quien desarrolla nuestra sensibilidad y, con ella, nuestro erotismo. ¿Me entiendes?

—Sí.

—El tema es que al crecer hay que ir dejando de depender de ella y poco a poco esa relación erótica se va sublimando.

—¿Sublimando?

—Sí. Quiere decir que va dejando de tener un fin sexual y el erotismo se transforma en otra cosa, por ejemplo, en ternura.

—¿Y cuándo se da este proceso?

—Alrededor de los seis años más o menos. Pero para que esto suceda, son necesarias dos condiciones. Una, que aparezca el padre para «separar» al hijo de la mamá y la segunda, que la madre esté dispuesta a renunciar a su imagen sexuada y se deje transformar en un ser cariñoso y tierno.

—Y en mi caso…

—En tu caso, a los seis años te estabas defendiendo solo de la sexualidad de tu mamá, tapándote la cabeza con la almohada. Darío, todos pasamos por esto, solo que a ti no te permitieron desarrollar los mecanismos para sublimar ese deseo y, cuando esto ocurre, suelen aparecer efectos sintomáticos. A ti no te quedó otra opción que desplazarlo hacia otras mujeres. Y piensa un poco en las características de aquellas mujeres «adecuadas». Mujeres grandes, dijiste. Mujeres que podrían ser tu madre.

—Sí, pero feas. Mi mamá es hermosa. Además eran mujeres descuidadas, cansadas de trabajar, no como mi mamá.

«Eran». Por primera vez las ubica en el pasado.

—Exacto. Esas mujeres no son como tu mamá, sino como tú hubieras querido que fuera tu mamá. Mujeres que se ven grandes, mujeres que no calientan a nadie, sin erotismo. Están cansadas, vienen de trabajar y no de coger por ahí. Además, tenías que alejar la imagen lo más que se pudiera de tu madre real, para no levantar tus propias sospechas. Y, como corolario, te diría que también todo esto tuvo una determinación fundamental en tu personalidad celosa.

—¿Cómo?

—Darío, tú les has hecho a tus parejas un reclamo que, verdaderamente, iba dirigido a tu mamá: «¿Por qué le das a otro lo que yo deseo que me des a mí?». Y esa realidad, sana realidad, de que tu mamá eligió a otro como *partenaire* sexual, se transforma en el terror de que tus mujeres, en este caso Silvina, hagan lo mismo. Ya que si tu mamá, la mujer más importante de tu vida, fue capaz de hacerte esto, ¿por qué no las demás, que son simples mujeres?

Nos quedamos en silencio unos instantes.

—¿Y mi papá? ¿Qué papel tuvo en todo esto?

—No lo sé. Casi no hablamos de él en todo este tiempo. Tu conflicto inconsciente con tu mamá acaparó todo nuestro análisis hasta ahora. Sería interesante y productivo empezar a hablar un poco de él, ¿no te parece?

—Creo que sí.

Un año después de trabajar sobre estos temas, Darío tomó la decisión de irse de su casa. Con unos ahorros que tenía se compró un departamento pequeño en Capital y se mudó.

La relación con sus padres es buena y menos conflictiva que antes.

Rompió con Silvina y está solo desde hace meses. No quiere tener pareja estable hasta que no pueda superar su problema de celos que, si bien ha mejorado mucho, aún sigue estando muy presente en nuestras charlas.

A veces se siente muy solo y pelea duro contra el deseo de volver a casa de sus padres, a cobijarse en aquella habitación en la cual de niño se tapaba la cabeza para no oír cómo ellos mantenían relaciones sexuales.

Desde aquella última charla, Darío no volvió a cometer actos de exhibicionismo.

PAGAR CON EL CUERPO

(LA HISTORIA DE NATALIA)

Amplio campo blanco.
Más allá, infinita,
la huella del trineo de lo perdido.

PAUL CELAN

—¿Yo?, ¿te volviste loca? Este caso no es para mí.

Esa fue mi primera reacción cuando la licenciada Marcela Díaz, coordinadora de mi equipo terapéutico y encargada de las entrevistas de canalización, vino con la ficha de Natalia.

—Pero espera un poco —me dijo—. ¿Por qué no quieres tomar el caso?

—Porque no es para mí.

—No te cierres. A ver, dime: ¿por qué te parece que el caso no es para ti? —me dice con su habitual tono suave, comprensivo y convincente. Sonrío algo molesto.

—Mejor contéstame tú: ¿desde cuándo soy un especialista en terapias breves?

—No, ya lo sé. Pero, escúchame…

—No. Escúchame tú a mí. Está embarazada, ¿no?

—Sí.

—El marido vive en una provincia del Norte de Argentina.

—Sí. En Salta.

—Y ella se va a ir a vivir allá cuando nazca su hijo.

—Sí, pero…

—¿Cuántos meses tiene?

—Apenas tiene seis semanas, lo que pasa es que…

—Si hacemos números rápidos, y descontamos las dos semanas previas al parto en las que probablemente no pueda venir, me deja siete meses de trabajo real, veintiocho sesiones. Bajemos el diez por ciento promedio de sesiones que por una causa u otra no podamos tener. ¿Sabes cuántas sesiones son? A ver, dime ¿cuántas?

—Veinticinco.

—Correcto, veinticinco. Y en ese encuadre solo se podría trabajar seriamente en el marco de una terapia breve y focalizada. En el equipo tenemos muy buenos especialistas en ese tipo de técnicas, y yo no soy uno de ellos. Soy psicoanalista, ¿te acuerdas? Diván, asociación libre, no sé si te suena.

—Gaby, no seas irónico.

—No quiero serlo, pero la verdad es que no te entiendo.

—Míralo así. Natalia te conoce de la radio. Confía en ti. Le gusta tu estilo.

—Pero si no sabe cómo soy adentro del consultorio.

—¿Y eso qué importa? Igual confía en ti. A eso se le llama transferencia. ¿Te suena o necesitas que te explique de qué se trata?

Iba a responderle, pero tomé su comentario como una devolución de gentilezas.

—Muy gracioso. Pero lo real sigue siendo que se va en siete meses.

—Por eso mismo. No hay tiempo para que genere un vínculo con otro terapeuta. Contigo ya lo tiene.

—…

Alentada por mi duda, Marcela siguió insistiendo.

—Es una chica con experiencia analítica, una paciente para el Psicoanálisis. Yo entiendo la dificultad del tiempo, pero excepto por eso, reúne todas las características de los pacientes con los que trabajas a gusto.

—…

—Gaby, dale una oportunidad a este análisis.

—Terapia breve, querrás decir…

—No seas malo. Confía en mí.

Resoplo y me doy por vencido.

—Está bien, dame la ficha para llamarla.

Me doy vuelta y me dirijo a mi consultorio.

—Gaby.

—¿Qué?

—Vas a ver… Te va a gustar trabajar con ella.

Hoy debo reconocerlo. Marcela tenía razón.

Así empezó la historia de este análisis. Apremiado por el tiempo. Con futuro incierto.

Pero como si ambos estuviéramos conscientes de ello, al contrario de lo que ocurre en la mayoría de los casos, aquí no hubo tiempo para charlas preliminares ni comentarios de ocasión. Se sentó frente a mí y, desde su primera frase, sentí que entrábamos en análisis. Pactamos una vez por semana. Cara a cara (porque supuse que en un par de meses el diván sería incómodo para ella).

Natalia es pediatra y se especializa en la prevención de las enfermedades en la niñez. Trabaja desde siempre con chicos carenciados, que según sus propias palabras, son los más desprotegidos, los más necesitados. Está casada con Raúl, un hombre que la ama tanto —según ella misma dice— que hasta la apoya para que viva en Buenos Aires para desarrollar mejor su vocación. Se ven, como mucho, una vez por mes.

La noticia del embarazo la conmovió. Porque la obligó a rever sus planes, a considerar la necesidad de dejar todo lo que estaba haciendo aquí e ir a vivir con su marido. Y es lo que decidió hacer. Pero aun así, se niega a admitir que debe abandonar su trabajo en Buenos Aires. Como consecuencia de semejante situación, está angustiada y, además, desde hace un tiempo perdió todo interés libidinal.

La sesión que voy a relatar tuvo lugar tres meses después de comenzado el tratamiento. Raúl, su esposo, estaba en Buenos Aires.

—Hoy quiero hablar de mi tema con el sexo.

—¿Te refieres a este momento un poco asexuado por el que estás pasando?

—¿Un poco? Hace meses que no tengo ganas de tener relaciones.

—No parecía tenerte tan preocupada la semana pasada. ¿Por qué hoy sí?

—Porque me cogieron. —Silencio—. Mi marido está aquí, llegó ayer. Y pasó.

—¿Y cómo te sentiste?

—Mal. Después él quiso hablar del tema y me puse peor… porque me siento muy… no sé cuál es la palabra…

—Pero necesitas encontrarla, ¿no?

—Sí. Porque es un tema con el que no me puedo hacer idiota. Y para resolverlo tengo que poder definirlo de alguna manera. Pero la verdad es que no sé de dónde viene ni a qué se debe mi falta de deseo. Y cuando viene Raúl quedo entre la espada y la pared. No es una estupidez, me parece. Es un tema fundamental en toda pareja.

—Y más en una pareja que, como ustedes, viven a distancia. Lo cual quiere decir que, lo más probable, es que en cuanto llegue…

—Y, sí, me va a querer coger.

—…

—Y a mí me pasa que no solamente siento una abulia con respecto al sexo, sino que ahora, además, no quiero ni que me toque. Es muy feo esto que me pasa.

—¿Feo para quién?

—Para los dos, para mí y para Raúl, porque a mí, en algún punto, me da pena por él.

—¿Por él?

—Sí, claro. Esto debe resultarle una porquería. Yo trato de que no se note demasiado. Lo recibo cariñosamente, le pregunto por sus cosas y le cuento acerca de las mías.

—Todo esto en la cocina, lejos de la cama, ¿no?

—Sí. Pero a veces, aunque intente esquivar la situación, no puedo evitarla.

—¿Intentas evitarla?

—La verdad es que sí, pero no siempre logro escaparme.

—¿Y qué pasa en esos casos?

—¿Y qué va a pasar?

—No sé, tú dime.

—Pasa… que me pongo en un papel horrible, espantoso.

—Explícame.

Breve silencio.

—En este momento pienso en todas esas mujeres que tuvieron que acostarse toda la vida con un marido al que no deseaban y que jamás tuvieron un orgasmo. Esa cosa histórica de la mujer de ser un instrumento para el goce del hombre. Un objeto sin decisión, sin aspiraciones.

—Perdón que te interrumpa, pero ¿tú te ves como un objeto sin decisión y sin aspiraciones?

Asiente. La miro impostando un gesto de sorpresa.

—Sí, ya sé que no tiene nada que ver que una mujer supuestamente independiente, que logró un montón de cosas, que hizo siempre lo que quiso con su vida, se ponga en esa situación. Pero es así.

—¿Y qué sientes al verte en ese lugar?

—Es horrible, porque tengo la sensación de que… —Piensa un segundo y niega con la cabeza.

—¿Qué pasa?, ¿qué ibas a decir?

—No, no tiene nada que ver.

—De todos modos, dilo. ¿Cuál es la sensación?

Natalia desvía la mirada.

—Siento que usan mi cuerpo.

Hago silencio unos segundos dejando que la frase se instale.

—¿Podrías explayarte un poco más acerca de esto?

Piensa unos segundos.

—No te voy a decir que lo vivo como si fuera una violación, pero sí una vejación, una palabra que nunca supe concretamente qué significa. Pero lo siento así.

Una vejación. Lo dice de ese modo contundente, porque así lo vive. Con enojo, con dolor.

—Ajá. Una vejación. ¿Que te inflige quién?

—En este caso, Raúl.

Creo que no se está escuchando. No toma conciencia de la importancia de lo que dice.

—Espera, Natalia. Espera un poco. —Intento detener esa catarata de palabras para abrochar algún sentido. Pero es inútil. No me escucha. Sigue absorta con su discurso.

—Y, como te dije, me pongo en el lugar de esas mujeres que siempre aguantaron a un marido y tuvieron, no sé, ocho hijos: mi mamá, mi tía, no sé, muchas. Y me da miedo ser igual. Pero a veces creo que no queda otra, que hay que entregarse, porque es muy difícil decirle al otro: «Mira, no me toques porque no te deseo». Es muy duro. Y yo no puedo hacer lo que me dicen mis amigas que haga.

—¿Y qué te dicen tus amigas que hagas?

—Que abra las piernas, que piense en otra cosa y que cuando vea que es el momento… que finja un orgasmo y listo. Total es un ratito y todos contentos.

—…

—¿O me vas a decir que no tienes ninguna paciente que mienta en estas cosas? Es más: ¿crees que a ti nunca te mintieron un orgasmo? —Se ríe—. Afuera, para las mujeres que no se atienden contigo, eres nada más que un hombre como cualquier otro.

—Posiblemente. Pero aunque así fuera, eso no te ayuda mucho ¿no? Porque tus amigas pueden fingir un orgasmo, y esas mujeres que según tú me mintieron también pudieron. Pero tú, Natalia, tú no puedes. Ni fingirlo, ni tenerlo.

Recibe la intervención y se angustia.

—Es cierto, yo no puedo.

Le doy unos segundos y avanzo por el camino que sus palabras abrieron.

—Natalia, me parece interesante rescatar dos cosas que dijiste hoy.

—¿Cuáles?

—En primer lugar, cuando hablamos de esta sensación de vejación, yo te pregunté ejercida por quién, y me dijiste: «En este caso» por Raúl. La otra cuestión es que algo cambió en tu discurso. Porque una cosa es lo que decías antes, esto de que no tenías ganas de tener sexo con Raúl, y otra muy distinta es plantearlo como lo hiciste hoy: «Yo no quiero ni que me toque». Porque allí aparece otra cuestión que nada tiene que ver con el desgano: el asco. Son dos puntos en los que me gustaría que nos detuviéramos.

Me mira. Yo le doy unos segundos y continúo.

—Vayamos al primero. Esta frase tuya con respecto a la sensación de ser vejada. Dijiste: «En este caso por Raúl»… Entonces, si en este caso es Raúl, yo pregunto: ¿en qué otro caso no fue Raúl?

Silencio.

—No sé, porque nunca me pasó, por ahí fueron palabras que utilicé casualmente.

Me sonrío. Es una paciente analizada. No necesito decirle demasiado.

—Ah, vaya, así que casualmente —digo con ironía.

—Bueno, no. Está bien. A ver… No sé si viene a cuento o no, pero tengo una situación de la adolescencia que mucho tiempo después, te diría que hace apenas dos o tres años, la resignifiqué de un modo diferente.

—Cuéntame, por favor.

—Bueno, tuve un abuso sexual, aunque no lo viví así en su momento.

Disimulo mi sorpresa. Natalia me está hablando de un abuso y lo dice de un modo tan liviano. Esa es la palabra: como si no tuviera peso. Y sé que debo lograr que le dé importancia a este relato. La miro con un gesto adusto.

—Cuéntame cómo fue. Y quién fue.

Ella sonríe.

—Bueno, no te pongas tan serio que tampoco fue tan grave.

—…

—Mira, fue con un tipo más grande… —Se interrumpe—. Aunque en realidad, tampoco era tan grande. Él tendría, qué sé yo, a ver… 30 o 35, y nosotras éramos adolescentes.

—¿Nosotras?

—Ah, sí, porque no fui yo sola.

—¿No?

—No —sonríe—. Mario nos cogió a todas las chicas del pueblo. —Bromea.

—¿A todas?

—Bueno, en realidad no a todas, solamente a las que participamos en sus grupos. Pero te diría que la mayoría de ellas debutaron con él. No fue mi caso —sonríe otra vez—. Todas teníamos entre 13 y 15 años.

—Pero, Natalia, por lo que me estás contando, fue una situación muy delicada.

—No lo sé, porque dicho así suena muy fuerte. Pero fue todo mucho más suave, muy disfrazado. Lo cierto es que yo no lo viví de un modo traumático. En realidad, nosotras…

—Nosotras, no —la interrumpo—. Tú. Cuéntame cómo fue tu historia.

—A ver… Déjame pensar. En realidad Mario era nuestro profesor de coro, un tipo muy lindo. —La miro en silencio—. Todas la pasábamos muy bien con él; nos divertíamos mucho. Cantábamos, aprendíamos a tocar instrumentos. Creábamos muchas cosas. Y un día se nos ocurrió armar una comedia musical.

—¿Y qué pasó entonces?

—Empezamos a trabajar en eso. Nos reuníamos, tirábamos ideas, había una gran energía entre nosotros. Y así la fuimos escribiendo, sobre todo las letras, las escenas. Luego él componía la música.

—Ajá.

—Hasta que comenzamos a ensayarla. Primero los ensayos generales y después vinieron los ensayos individuales con los personajes principales.

—¿Tú eras uno de ellos?

—Sí, yo hacía de «La Muerte».

—¿Tú elegiste ese papel?

—No. Los papeles los daba él. Al azar.

—Si él los daba, entonces no era al azar.

Silencio.

—Tienes razón. La cuestión es que un día fui a ensayar y me dijo que me relajara, que La Muerte era un personaje muy importante porque representaba algo inevitable y que había que saber tenerla como una consejera. Para no olvidarnos de vivir intensamente, sin represiones. —Vuelve a sonreír—. ¡Qué bien lo hizo!

—Puede ser que lo haya hecho muy bien, pero no le veo la gracia. Parece que tú sí. —Me mira—. Te escucho, sigue por favor.

—Es todo, nada, tuve sexo con él. Fue solo esa vez, porque yo no quise más y Mario nunca me obligó. Era un buen tipo.

Miro su cara. Está como extasiada hablando de este hombre.

—Perdóname, Natalia, pero ¿qué de todo esto que me estás contando te parece tan atractivo?

—Es que Mario no era una mala persona, yo la pasaba muy bien con él; y creo que haber hecho esos talleres fue una experiencia interesante, casi de vida. Era un tipo muy profundo.

Habla de un modo totalmente desaprensivo. Necesito que se escuche. Que pueda ligar la angustia que, estoy convencido, debe de haber sentido en aquel momento con la situación que me está contando.

—Espera. Volvamos a ese día.

—¿Qué día?

—El día del abuso —digo y remarco la palabra abuso.

—¡Ah! En realidad fue una tarde, y ya te dije, empezamos hablando de la muerte, la vida, qué haría si estos fueran mis últimos instantes. Me enganchó y listo… me cogió.

—¿Te gustó?

Me mira extrañada.

—No. Ni un poco. Yo ni disfruté, ni acabé, ni nada de eso.

—Es decir que no tuviste un orgasmo.

—Ni ahí.

—Tampoco lo fingiste —le digo con ironía.

—No, tampoco. Ya sabes que no me sale.

Asiento.

—¿Y cuál fue la sensación que tuviste en aquel momento?

Hace un breve silencio.

—No lo sé. Fue todo muy confuso y me cuesta acordarme. No te podría decir que me violó, porque no me violó. Pero yo tenía en claro que no era parte de eso. Él se arriesgaba en la situación, yo no. Simplemente no hice nada.

—Es decir, que lo dejaste que utilizara tu cuerpo.

—Sí, de alguna manera, sí.

—Bueno, algo parecido a lo que me dijiste hace unos minutos con respecto a Raúl: dejar que «use» tu cuerpo.

—Puede ser.

—Pero con una diferencia.

—¿Cuál?

—Con Raúl, que es tu marido y que te ama, tú te enojas. En cambio con Mario, no. ¿Puedo saber por qué?

—Lo que pasa es que, por ese tiempo, Mario me daba mucho. A pesar de todo, puedo decir que fue uno de mis primeros maestros de vida.

—Te cobró caro las clases, ¿no?

Silencio.

—¿Sabes que no lo sé?

—Eso depende cuánto valga para ti que usen tu cuerpo.

—Tal vez no valía tanto mi cuerpo en comparación con todo lo que él me había dado. —Pausa—. Además, hay cosas más graves en la vida a que te coja un maestro ¿no te parece?

El trabajo de analista es muy complejo. Para llevarlo adelante hay que despojarse de prejuicios, de enojos y emociones personales, porque cuando esto no se logra, la escucha se cierra y no nos ubicamos en el lugar correcto para ayudar al paciente. Y eso me ocurrió en aquella sesión.

La indignación que me generó pensar en todas esas chicas abusadas cerró mi capacidad de escuchar lo que Natalia me estaba diciendo, y seguí por una línea equivocada.

—Natalia, tú eres una profesional acostumbrada a trabajar con niños. Sabes que estas cosas dejan marcas graves, ¿no?

—La verdad es que no sé si puede haber dejado alguna huella.

—Natalia…

—Bueno… Perdóname lo que te voy a preguntar, pero ¿no es normal esto del abuso sexual? ¿No le pasa a casi todo el mundo? Porque, como dijiste, yo trabajo con niños y la verdad es que lo veo todo el tiempo.

—Es probable que sea más común de lo que la gente cree. Pero eso no quiere decir que sea algo «normal». Es una perversión terrible, imperdonable. Natalia, los analistas no solemos emitir juicios de valor, pero este es un tema con el que no puedo ser tibio ni permisivo. Tiene que ver con la ley, con la protección de los niños o cualquier otra persona indefensa y con la obligación de no relativizar un tema que es capaz de causar un daño que puede llegar a ser muy grave.

—Pero yo no siento que esto me haya marcado tanto.

—¿Ah, no? ¿Y no te parece que es posible que tal vez el trauma fuera tan profundo que la única manera de convivir con él fue despojarlo de angustia? —Hago un breve silencio—. A veces, cuando algo es tan fuerte, una defensa posible es despojar al recuerdo de lo vivido del sentimiento que generó en ese momento. De modo tal que el recuerdo puede estar en la mente, casi sin molestar porque ha sido separado de la angustia.

—¿Y qué pasa con esa angustia? ¿Desaparece como por arte de magia?

—No, de ninguna manera. Allí está el punto. Por lo general se deriva hacia otra cosa.

—No sé si te entiendo mucho.

—Puede ser que esa angustia se desplace afuera y se asocie a otra cosa. Supongamos, la presencia de un animal, aunque este fuera insignificante y poco peligroso, a una cucaracha, por ejemplo. Entonces alguien, en vez de angustiarse con lo que pasó, se angustia cada vez que ve una cucaracha.

—Pero eso parece una fobia…

—No parece una fobia: es una fobia.

—¿Y en mi caso? Porque yo no le tengo miedo a ningún animal.

—Bueno… algunos le temen a las cucarachas. Otros, tienen ideas obsesivas y otros, por ejemplo… no pueden disfrutar del sexo. El síntoma es distinto, pero a lo mejor la causa es la misma, ¿no?

Pausa.

—Es decir que cuando yo «viví» ese abuso…

—Espera. Llamemos a las cosas por su nombre. Tú no viviste un abuso. Tú «sufriste» un abuso.

—Bueno, está bien, puede ser. Pero tampoco fue una violación.

—Es probable. Porque para ti la violación supone el uso de la violencia o de la fuerza para acceder sexualmente al otro. Y, en ese sentido, tú sientes que Mario no te violó. ¿Correcto?

—Sí.

—Planteémonos entonces el abuso como algo diferente, como un acto que implica, no necesariamente el uso de la violencia, pero sí del poder. De un manejo psíquico ejercido sobre alguien que está en una situación de desprotección o de desventaja, que no tiene los medios para defenderse y no puede elegir. Vistos desde esta óptica, compartirás conmigo que ambos —el abuso y la violación— son situaciones dolorosas y traumáticas.

Silencio.

—Pero Mario era un buen tipo…

Lo que dijo me irritó. Y no pude evitar reaccionar.

—No, Natalia. Mario era un psicópata que te manejó, que te hizo sentir partícipe de una situación armada y digitada para su propio placer, y que además te dejó la sensación de que no podías decir nada, ni insultarlo, ni denunciarlo, ni siquiera enojarte, porque no te había obligado a nada. Al contrario, te trató dulcemente, de un modo comprensivo, incluso con ternura. Y eso es lo más siniestro de este caso. Que este tipo, este psicópata, este… este hijo de puta te dejó con la sensación de ser un partícipe activo, necesario y voluntario de la situación.

—Pero yo ya no era ninguna estúpida y sabía lo que hacía.

—Tenías 13 años —le digo, y me detengo.

En un instante comprendo que estoy tratando de convencerla de la gravedad de un hecho que ella registra diferente, que en su realidad psíquica no tiene la dimensión que yo creo. Natalia sigue sosteniendo que Mario le dio mucho y, según lo que dice, fue tanto eso que le dio que bien valía la pena el precio de dejarlo usar su cuerpo.

Caigo en mi error y comprendo que necesito ubicarme nuevamente en mi lugar de analista. Por eso decido cortar la sesión allí mismo. Ella habló mucho, y en mi mente algo que aún no puedo identificar ha quedado dando vueltas.

La siguiente sesión decidí iniciarla con intervenciones más activas de mi parte. Sentí que debía hacerlo, porque algo estaba a punto de desvelarse y no podía permitir que su resistencia alejara el tema.

—Natalia, hoy me gustaría retomar algunas cosas que surgieron en nuestro ultimo encuentro. —Pausa—. Tú dijiste que estabas agradecida con Mario por «todo lo que te dio». Dime: ¿qué es lo que Mario te dio?

Piensa unos segundos.

—Un lugar de pertenencia. Yo me tenía que quedar siempre en casa, porque mis papás trabajaban todo el día. Y bueno, cuando Mario apareció fue todo lindo.

—¿Así que cuando Mario apareció «todo fue lindo»? ¿Y antes cómo era?

—Horrible…

—Horrible… la misma palabra que usaste para describir lo que sentías cuando te veías obligada a mantener relaciones con tu marido. Y referido a eso dijiste que «no siempre podías escaparte». Y te pregunto ¿Mario te dio eso, un lugar para escaparte?

Natalia me mira y no dice nada. Como si no pudiera hablar, como si la angustia le cerrara la garganta.

—Y otra cosa que dijiste fue que casi todas tus amigas debutaron con él, pero que ese no era tu caso. Ahora, tú tenías 13 años. Dime, entonces ¿cuándo fue que tuviste tu primera experiencia sexual?

Me mira y baja la cabeza.

—A los diez.

—A los diez —subrayo—. Y también dijiste que Mario, después de todo, no era tan grande. ¿Quiere decir que hubo alguien más grande antes?… ¿A los diez años, por ejemplo? Y probablemente por eso lo de Mario te pareció una tontería, algo que no era tan grave. Dime, Natalia, ¿quién abusó de ti a los diez años?

Siento la tensión. La conozco. El consultorio me es un ámbito familiar y puedo identificar cuando las emociones de mis pacientes invaden el ambiente. No responde en seguida. Le doy su tiempo. Seguramente lo necesita.

—Mi abuelo —dice y aparecen unas lágrimas. El silencio se hace pesado, pero no puedo interrumpirlo. Debo dejar que ella maneje como pueda lo que está a punto de contarme. —Él se quedaba conmigo en mi casa porque mis papás trabajaban todo el día… Para cuidarme. —Una mueca de dolor aparece en su cara—. Un día me tenía alzada, como siempre, y me empezó a tocar. Un rato largo y luego —se interrumpe; le cuesta decirlo y su relato empieza a interrumpirse por el llanto—, me bajó. Sacó su pene y me pidió que lo acariciara. Y después… que lo besara. Y lo peor de todo es que a mí me gustaba. —Llora—. Esto pasó un montón de veces, por más de un año. Hasta que un día lo hizo. Y fue horrible. Me dolió un montón… me dolió tanto que no lo quise hacer más.

Ahora sí la angustia la desborda y su cuerpo se sacude mientras respira de un modo agitado.

—Natalia, ¿nunca se lo contaste a nadie?

Niega con la cabeza.

—No le podía decir a mi mamá lo que hacía su papá conmigo. Pero tampoco podía quedarme más con él. Tenía que hacer algo, Gabriel.

Entiendo.

—Y ahí apareció Mario —le digo.

—Sí. Como un salvador.

Espero unos segundos hasta estar seguro de que puede escuchar lo que voy a decirle.

—Natalia, que los niños se exciten es normal. Y que disfruten de las caricias también es normal. Porque son sensibles y aún no pueden discriminar lo que está bien de lo que no lo está. Y es el deber de los adultos cuidar que entren de una manera sana a la sexualidad. Pero a ti te empujaron, y por eso para ti la sensación de disfrutar del sexo está mal, tener placer está mal, y de allí el asco. Porque sientes que vejan tu cuerpo. ¿Y qué es lo que dices?: «Me cogieron». Porque cada vez que tienes una relación sexual revives todo lo que te pasó. Y entonces Raúl no es solo Raúl. Es también Mario, y es tu abuelo. Pero ¿sabes qué, Natalia? No son lo mismo. Por eso tienes que hacer el esfuerzo por discriminar eso y recuperar tu derecho a disfrutar de ser mujer.

Breve pausa.

—Gabriel, ¿tú crees que todo esto que sufrí tiene reparo?

—Bueno, al menos es lo que intentaste siempre ¿no? Eres pediatra, cuidas a los niños. Es más, tú dijiste que lo tuyo era la prevención. Dime ¿de qué peligros buscas prevenirlos?

—¿Quieres decir que hasta mi vocación estuvo marcada por esto?

—Mira, a veces alguien repara afuera, en otros, lo que no puede reparar adentro.

Asiente.

—Qué asco.

—Puede ser. Pero al menos ahora sabes de dónde viene esa sensación de ser vejada. Y me parece que tu esposo no tiene nada que ver con eso. Lo cual no quiere decir que tu pareja no sea conflictiva para ti. Pero aun así, Raúl no es culpable de nada de lo que te pasó. ¿No te parece?

Asiente.

—¿Y esto de que yo no pueda… disfrutar, también tiene que ver con esto, no?

—¿Tú qué piensas?

Se queda pensativa.

—Que aunque no quiera, voy a tener que seguir hablando de esto mucho tiempo.

—Y… sé que te cuesta y no va a ser fácil ¿no? —Pausa—. Pero al menos, con este tema, en algún momento vas a tener que acabar.

Se ríe. Para eso se lo dije. Necesitaba terminar la sesión de un modo más relajado. Se angustió mucho. Y no era para menos. La sesión fue dura, pero reveladora, y a partir de allí su trabajo en análisis comenzaría a destrabar muchas cosas que le causaban un profundo dolor.

Dos semanas después su esposo volvió a Buenos Aires. Natalia vino mucho más relajada.

—Hablé con Raúl. Tuvimos relaciones, también. —Yo sonrío—. No te agrandes que no fue para presumir tampoco, no te creas… Pero al menos, me sentí mucho mejor.

La miré. Ella también sonreía. Yo sabía que el camino que teníamos por delante era difícil, y probablemente mucho más largo de lo que su situación nos permitía. Pero ya no podíamos detenernos.

Pasaron ocho meses desde aquella sesión. Natalia tuvo una niña y se fue a vivir al Norte. Raúl apostó fuerte por esta familia e intenta contenerla, a la vez que, sanamente, ha podido reclamar más lo que desea y no conceder todo con tal de complacerla.

Ella también se está arriesgando por este presente. Aún le cuesta adaptarse a esta nueva vida. No abandonó su vocación. Por el contrario, ya se ha contactado con algunos centros de salud de frontera para seguir trabajando en lo que más le gusta: la prevención de enfermedades en niños en riesgo.

El tema del abuso que sufrió en su niñez volvió a tocarse en sesiones posteriores. Al principio, con las mismas resistencias emocionales. En las últimas, Natalia pudo derribar las barreras que levantó y la angustia contenida brotó a mares. También pudo enojarse con Mario. Lo insultó y dijo que era injusto que le ocurriera eso, que no podía ser que «este tipo siga dando clases y teniendo a su cargo a un montón de chicos». Y así como en un primer momento intenté contactarla con el dolor de esa escena, traté después de estar a su lado y de contenerla.

Llegó a asumir una verdad dura, dolorosa: fue abusada sexualmente, y no una, sino dos veces. Le di la razón: era una injusticia. Pero suele ocurrir. La vida no siempre es justa.

Natalia me escribe casi todas las semanas y, en las ocasiones en las que viene a Buenos Aires, hemos tenido sesiones.

¿Sesiones una vez cada dos meses?

Sí. Suena raro, poco ortodoxo. Pero desde el comienzo, este análisis ha sido poco ortodoxo.

Vive a más de mil kilómetros, la veo una vez cada dos meses y en el medio tenemos algunas sesiones por internet. No es lo ideal, sin embargo, ella sabe que aquí estoy y que sigo siendo su analista. Y yo sé que ella, a pesar de la distancia, sigue siendo mi paciente.

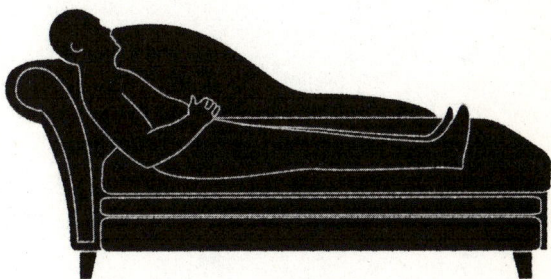

LA MIRADA DE DIOS

(LA HISTORIA DE ANTONIO)

El Dios está en mí
pero de pronto calla,
me deja solo, a ciegas
y vanamente busco mi punto de equilibrio
sitio para mi pie.

HORACIO CASTILLO

Me quedé mirando fijo el cuadro que colgaba de la pared. Jamás, en 20 años que llevo acostándome en ese diván, pude descifrar su significado. Es más, me parece un cuadro espantoso, aunque jamás me animé a hacer el menor comentario. Después de todo, cada quien decora su consultorio como más le gusta.

El mío, por ejemplo, tiene piso de madera y paredes blancas, con los sillones y la poltrona en cuero negro. Una mesa baja, una lámpara de pie con luz tenue que ilumina desde uno de los rincones y el *Guernica* en la pared del diván. Nada más. Como dice un paciente decorador de interiores: un ambiente minimalista.

Estaba en ese desvío de asociaciones cuando la voz de Gustavo, mi analista, me trajo a la realidad.

—¿Qué piensa hacer?

—No lo sé. Estoy confundido. En la charla telefónica que tuve con él no supe bien qué decir. Creo que estuve torpe. Usted sabe que a lo largo de estos años he tratado a personas con características muy diferentes. Hombres, mujeres, adolescentes, ancianos, bisexuales, neuróticos, psicóticos e, incluso, alguno que otro perverso. Y no solo todo tipo de edades e identidades sexuales, sino también pacientes que realizaban actividades muy distintas: profesionales, artistas, empleados, comerciantes… Toda la gama posible de sujetos y ocupaciones. Pero «esto» no me lo esperaba.

—Bueno, pero le llegó «esto». ¿Qué piensa al respecto?

—No lo sé. Estará de acuerdo conmigo en que la situación es un poco extraña. Estoy perplejo, me siento como un principiante…

—Sí, me imagino que debe de ser algo extraño para usted. Pero piense que también debe de serlo para él.

—Eso me dijo.

—Cuénteme qué le dijo.

—Que no sabía si estaba haciendo lo correcto. Que si alguien de su entorno llegaba a saber que vio a un psicólogo podría ser grave.

—¿Es para tanto?

—Gustavo, estamos hablando de un ámbito muy conservador. Fíjese el impacto que tuvo en mí, e inclusive en usted. Imagine entonces lo que pasaría con sus pares, y ni le digo con sus superiores. Sería visto casi como una herejía.

—Mire, Gabriel, la situación es novedosa para usted. Le confieso que también lo sería para mí, no voy a engañarlo. Pero supongo que si él se comunicó con usted y le pidió una consulta fue por algo. Le está pidiendo ayuda.

—¿Entonces?

—Entonces ¿por qué se la va a negar?

—Es que estoy convencido de que en algún punto vamos a entrar en conflicto.

—El conflicto, licenciado, es inherente a la psiquis humana —ironiza—. ¿O no lo aprendió todavía?

—Obvio que sí —me sonrío—. Con eso trabajamos.

Se hace un silencio.

—Gabriel, «esto» que tiene por delante es, antes que nada, una persona que está sufriendo y, además, un desafío. Pero no va a ser el primero que enfrente en su vida, ¿o sí?

—No.

—Y, como todo desafío, puede salir bien parado o puede que sea demasiado grande para usted y, en ese caso, deberá enfrentar la frustración de fracasar. Decida si quiere o no correr el riesgo.

—No estoy seguro de tener éxito. Y no puedo engañar a este hombre.

—Lo felicito. Acaba de decir dos estupideces en una sola frase. La primera, que no está seguro de tener éxito. Gabriel, un analista nunca puede estar seguro de conseguir el éxito en ningún tratamiento. Y la segunda es que no puede engañar a este hombre. ¿Acaso a alguno sí? Usted, y lo sabe, no debe engañar a ningún paciente, no solo a este. Yo sé que usted es un profesional experimentado pero, si no le molesta, ¿me permite que le dé una sugerencia?

—Se lo ruego.

—Propóngale algo. Ofrézcale pactar una cantidad limitada de encuentros… digamos siete, que es un número bastante bíblico y eso le va a caer bien. —Sonrío—. Yo sé que usted, por lo general, no tiene más de tres o cuatro entrevistas preliminares, pero esta vez es probable que necesite más. Si al cabo de ese número de entrevistas ven que el trabajo es productivo, siguen adelante. Y si no, interrumpen. Comprométase y comprométalo solo a esas entrevistas y veamos qué pasa con él y qué pasa con usted.

Lo pienso un minuto.

—Me parece bien. Yo también necesito ese tiempo de prueba. Ya le dije que no estoy convencido de lo que estoy haciendo. Así que su propuesta me resulta más que válida. Creo que es un tiempo prudencial para que nos conozcamos y determinemos si sirve o no que emprendamos un análisis juntos.

—Entonces vaya, haga lo que tenga que hacer y le deseo mucha suerte —me siento en el diván—, pero eso sí, ¿puedo pedirle algo?

—Por supuesto.

—Tengo unos cuantos años más que usted, en la vida y en la profesión. —Asiento—. Si esto avanza, prométame que me va a contar cómo le está yendo —me río—. No, no se ría. Usted es el primer psicólogo que conozco que analizará a un cura.

Asiento.

—Yo tampoco he conocido uno antes.

—Por eso mismo, le deseo suerte. —Ya me retiraba cuando dijo—: Ah, Gabriel. Y que Dios lo ayude.

Me reí y salí decidido del consultorio. Al menos iba a intentarlo.

Le hice a Antonio la propuesta que trabajé en mi análisis y aceptó gustoso. Así que nos pusimos a trabajar de inmediato para ver hasta dónde podían conducirnos aquellas siete entrevistas.

Primera entrevista

—Disculpe si me cuesta empezar, todo esto es muy raro para mí.

—Lo comprendo.

—No sé ni cómo se hace… digo, esto de analizarse.

—Hable libremente, de lo que quiera, y sepa que aquí nadie va a juzgarlo.

Sonríe.

—Ese es ya todo un cambio para mí.

—Lo imagino. Pero, veamos… Podría empezar por contarme algo de usted y, de ser posible, decirme qué lo movilizó a pedir estas entrevistas conmigo.

—¿No sería mejor empezar por lo que creo que hice mal para que usted pueda decirme si es o no es así?

—Antonio, yo no soy quién para decir lo que está bien y lo que está mal. Solo me interesa saber qué es lo que lo inquieta.

Pausa.

—Bueno, a ver… Le cuento. Tengo 53 años y vengo de una familia acomodada de la provincia de Buenos Aires. Mi padre, Ubaldo, tiene 85 años y es ingeniero agrónomo. Siempre tuvimos campo, así que me crié en una estancia, escuchando los pájaros y mirando la inmensidad de la pampa. Es increíble cuánto uno puede conectarse consigo mismo y sentir la presencia de Dios en ese paisaje. Tan grande, tan silencioso. No sé si usted comprende de lo que le hablo.

¿Cómo no voy a comprenderlo? Yo mismo viví algo similar durante mi infancia, en un pueblito muy chiquito cercano a Chivilcoy. Aún recuerdo aquellos atardeceres en los que miraba la distancia sentado en la cerca. Me quedaba horas, hasta ver a mi papá que volvía de trabajar y corría a su encuentro. Claro que sé de qué me está hablando. Solo recordarlo me emociona. Pero no estamos aquí para pensar en mis emociones sino en las de mi paciente. De modo que no le digo nada de esto. Él continúa hablando de su padre.

—Ahora está internado en una residencia para adultos mayores. Lo traje aquí, a la ciudad, para ocuparme personalmente de él. No fue una decisión fácil. Él no estuvo de acuerdo, y a lo mejor tenía razón. Tal vez debería de haber dejado que se quedara en su lugar hasta que Dios dispusiera llevárselo.

—¿Y por qué lo trajo?

—Pensé que era lo mejor.

—¿Para él o para usted?

—Tal vez para los dos. Pero el hecho es que no puedo dejar de sentir culpa por esto.

Silencio.

—¿Y su madre?

—Mi madre murió cuando yo tenía 17 años.

—¿Tiene recuerdos de ella?

Su gesto se enternece.

—Sí. La recuerdo hermosa, dulce… un sol. Pero vio usted cómo son los recuerdos.

—No. ¿Cómo son?

—Engañosos. A veces el tiempo y la memoria cambian un poco las cosas.

—Hábleme de ella.

—Mi madre era muy religiosa. Su frase de cabecera era «Nada escapa de la mirada de Dios». Supongo que de allí proviene gran parte de mi fe.

Nuevamente nos quedamos callados. Yo siento que, si bien es una persona muy agradable, culta e inteligente, estamos un poco nerviosos y nos cuesta lograr un diálogo fluido. Salta claramente que ninguno de los dos vive esto como algo natural. Y creo que lo mejor es explicitar lo que está ocurriendo.

—Antonio, necesito hacerle una pregunta.

—Diga.

—¿Por qué está aquí, hablando conmigo, en un consultorio psicológico y no en un confesionario con algún sacerdote?

Piensa un poco antes de responder.

—No lo sé. Yo también me lo he preguntado. Pero no encuentro respuesta. Tal vez usted me ayude a encontrarla.

—Le prometo que voy a intentarlo.

—De todos modos, debo decir que me provoca mucha culpa estar aquí.

—¿Por qué?

—Porque es como si renegara de mi fe.

—¿De qué manera?

—Pensando que mi angustia deviene de un problema psicológico y no de un problema espiritual.

—Bueno, a lo mejor no son cosas tan distintas, ¿no?

—Puede ser.

Hablamos un poco más y así transcurrió la primera de las siete entrevistas. La verdad es que al principio me sentí algo tenso, pero poco a poco ambos fuimos relajándonos y hacia el final nos permitimos, inclusive, intercambiar algunas bromas.

Segunda entrevista

El tema de nuestro segundo encuentro fue la culpa que le generaba un comportamiento agresivo que decía tener en el último tiempo.

—No sé qué me pasa, pero estoy enojado todo el tiempo. Ya le dije que mi congregación está compuesta por gente muy humilde, de poca cultura y escasas posibilidades.

—¿Es usted lo que se llama un «cura tercermundista»?

—Podríamos decirlo así. La verdad es que siempre me importó estar cerca de los que sufren, ver si puedo hacer algo por ayudar a los que fueron condenados por la sociedad a la marginalidad y la exclusión, y también a los que perdieron la huella, muchachos que se drogan o que delinquen.

—Ya veo. Más que las grandes catedrales, le interesan los desheredados y los pecadores.

—Sí.

—Eso me parece muy noble y muy cristiano. No es un trabajo fácil, y requiere de mucha templanza. Lo felicito.

—Es mi deber. Siempre sentí que para eso fui llamado por Dios. Y toda mi vida he experimentado una gran felicidad al cumplir con mi misión.

—¿Y ahora?

Hace un gesto de negación.

—Ahora no estoy bien. No tengo paciencia. Estoy susceptible, me enojo por cualquier cosa. Y un sacerdote que no es capaz de tolerar las debilidades de los fieles no sirve para nada.

—¿Y cómo se siente usted con esto que le está pasando?

—Culpable.

Silencio.

—Antonio, usted experimenta esta sensación de culpa con demasiada asiduidad.

—¿De verdad?

—Sí. Dijo sentirse culpable por traer a su padre a la ciudad e internarlo en una residencia para adultos mayores, culpable por estar consultando a un psicólogo, culpable por tener que ocultar este hecho a sus superiores y culpable porque en este último tiempo cree haber perdido su tolerancia de siempre. Solo hemos hablado en dos oportunidades y fíjese cuántos motivos de culpa aparecieron ya. ¿No le llama la atención?

—No lo sé. ¿Tiene usted alguna opinión al respecto?

—Al menos una hipótesis.

—Me gustaría oírla.

—Antonio, la experiencia me ha mostrado que cuando alguien se siente culpable por tantas cosas diferentes, es posible que haya una culpa más profunda, más grande y difícil de tolerar y que, al no poder concientizar el motivo de su «gran culpa» —por llamarlo de alguna manera—, la desplace a hechos que están más a la mano y generan culpas más pequeñas, más tolerables, pero muchas, demasiadas. Entonces, esa persona empieza a sentirse culpable por todo. Y así es muy difícil vivir.

Me escuchó con mucha atención.

—¿Y qué debería hacer para averiguar si algo así ocurre conmigo?

—Podríamos empezar por el tema puntual que trae hoy y ver adónde nos conduce.

—¿Así nomás?

—Sí, así nomás. —Sonríe.

—Es raro esto de analizarse.

Le sonrío también.

—Comprendo que le resulte extraño, no es su mundo habitual, pero le pido que confíe.

—¿Qué tenga fe en usted, quiere decir?

—No, que confíe en que en su interior están las respuestas al porqué de su angustia. Yo intentaré ayudarlo a llegar hasta ellas.

Asiente.

—Voy a intentarlo. —Pausa—. Bueno, le decía que hace un tiempo que estoy enojado, intolerante, casi furioso.

—¿Con quién o con quiénes?

—Con los chicos que vienen a la parroquia.

—¿Con todos?

—Sí. —Duda—. Bah, en realidad no. No con todos, pero sí con muchos de ellos.

—Ajá. ¿Con cuáles?

—Con algunos.

—¿Y qué hay de común entre ellos?

—Nada.

—¿Seguro?

—Seguro. Hay varones, mujeres. Pertenecen a diferentes familias… no se me ocurre nada que los una.

—Algo debe de haber.

Me mira.

—Veo que los psicólogos son más insistentes de lo que creía.

—¿Entonces? —Se toma unos segundos.

—Bueno, ahora que lo pienso, sí. Algo tienen en común.

—¿Puedo saber qué? —noto su resistencia. Creo que aún no confía del todo en mí—. Antonio, supongo que debe estar acostumbrado al secreto de confesión ¿verdad?

—Por supuesto.

—Y dígame, ¿usted contaría lo que alguien le hubiera contado confiando en ese secreto?

—Jamás.

—Bueno. Nosotros, los psicólogos, también tenemos con nuestros pacientes un compromiso similar. Le llamamos: secreto profesional —lo miro fijo—. Hable sin temores. Lo que diga no va a salir de aquí.

Suspira y, luego de una breve espera, me dice lo siguiente:

—Lo que tienen en común es la persona que los coordina.

—¿Quién es esa persona?

—Mary, una niña.

—¿Niña, de qué edad?

—Veinticinco.

Pausa.

—Ah, entonces no es una niña. Es una mujer.

Menea la cabeza y sonríe.

—Sí, es que yo la conozco desde hace mucho, y siempre la vi como a una niña.

—¿Y ahora, Antonio? ¿Ahora la ve de un modo diferente?

Me mira y la sonrisa desaparece de su cara.

—¿Qué está insinuando?

—Nada, solo pregunto.

Se gesto se endurece.

—Licenciado, no se haga el estúpido. Yo sé que para ustedes todo tiene que ver con el sexo. Pero esta vez está apuntando al lugar equivocado. Nunca me he fijado en ninguna de las mujeres que vienen a mi parroquia. Ni chicas, ni grandes. Jamás.

Silencio.

—¿Está seguro?

Siento la furia en su mirada.

—Váyase a la mierda —me responde. El momento es tenso—. Usted no entiende nada. Los jóvenes que vienen a mí sufren por falta de alimento, de cariño, son chicos maltratados, marginados. ¿Cómo se le ocurre que yo podría aprovechar mi investidura para sacar provecho de eso? Se ve que no me conoce. No sabe con quién está hablando. —Pausa—. Creo que me equivoqué al venir a verlo.

Se generó una ruptura entre nosotros. Siento necesidad de pedirle disculpas por haberlo ofendido. Sé que estoy hablando con un hombre que cree plenamente en lo que hace y que ha dedicado su vida a los demás. Con alguien que podría andar paseando tranquilamente por su estancia y sin embargo anda en una villa ayudando a la gente. Me siento culpable por lo que acabo de decirle. Debería pedirle perdón.

Pero… un momento. ¿Qué dije?

«Me siento culpable», «debería pedirle perdón».

¿Por qué Antonio me generó estas emociones? ¿Son realmente mías? ¿Debo hacerme cargo de esto que me pasa, o mi paciente proyectó sobre mí una serie de sentimientos que en realidad le pertenecen? ¿No estaré yo haciéndome cargo de sus emociones?

Él cree en su Dios, yo confío en mi técnica. Hasta ahora me ha servido para ayudar a mucha gente. ¿Por qué no habría de servirme ahora? Si en vez de sacerdote, Antonio fuera abogado o empleado de banco, ¿le pediría disculpas o pondría a trabajar su enojo y trataría de analizar la emoción que se produjo?

Vienen a mi mente las palabras de mi analista al comentarle mi primera entrevista con Antonio: «Gabriel, no se olvide de que ahora, para usted, ya no es un cura, es un paciente. No le niegue la oportunidad. Analícelo como lo haría con cualquier persona».

—Antonio, se enojó mucho. ¿Por qué?

—Es que usted me acusó de mirar con interés sexual a una mujer de mi congregación.

—Yo no hice eso. Hágase cargo de cómo interpretó mi pregunta. Yo solamente le pregunté si seguía viendo a esa mujer como a una niña. Porque ya no lo es y eso es algo que debe admitir.

—Por supuesto.

—Y en algún momento usted se debe haber dado cuenta de este cambio.

—Seguramente.

—¿Cuándo?

—No lo sé —contesta inmediatamente.

Por lo general, cuando un paciente se saca una pregunta de encima con tanta rapidez conviene desconfiar de la respuesta.

—Creo que sí lo sabe.

Su mirada vuelve a endurecerse.

—¿Ahora también me acusa de mentiroso?

—No, solo de no saber que lo sabe. Pero ya son dos las ocasiones en que se ha sentido acusado por mí. Ya se lo dije: no estoy aquí para juzgarlo. Solo para ayudarlo. Quiero que dejemos aquí y que reflexione en todo lo que ocurrió en nuestra charla de hoy.

Se levantó del sillón, lo acompañé hasta la puerta y, al despedirlo, sentí que era la última vez que venía a mi consultorio.

Por suerte, me equivoqué.

Tercera entrevista

Al verlo entrar la semana siguiente, supe que debía haberle costado mucho volver después de lo ocurrido, y se lo dije. Casi como una valoración de esa muestra de apertura y compromiso.

—Qué bueno verlo —le comenté al hacerlo pasar—. Después de nuestro último encuentro pensé que no vendría.

—Licenciado, quedamos de acuerdo en tener siete entrevistas. Me comprometí a eso y no suelo faltar a mi palabra.

—Muy bien. ¿Y de qué quiere hablar hoy?

—Estuve pensando mucho en lo que ocurrió el otro día, en nuestra última charla.

—¿Pudo asociar lo que conversamos con algo?

—Sí.

—Cuénteme, por favor.

—Usted preguntó en qué momento me di cuenta de que Mary era ya una mujer.

—Lo recuerdo.

—Bien. Como le dije, la conozco desde niña. Y siempre nos peleábamos porque a ella no le gustaba cómo yo la llamaba.

—¿Podría ser más preciso?

—Claro. Yo siempre le dije Mary, y ella se enojaba conmigo: «Me llamo Mariana» —me decía enojada—, pero yo seguía llamándola Mary. De hecho soy el único que la llama así. Cada tanto bromeábamos con el tema y ella fingía que seguía enojándose como cuando era una niña.

—¿Y por qué la llamaba usted por un nombre que a ella no le gustaba?

—Porque Mariana no me gustaba a mí. En realidad no es que no me agradara el nombre, pero me parecía que no tenía que ver con ella. En cambio, Mary me remitía a otras cosas.

—¿A qué?

—A María, por ejemplo.

—Por lo tanto, a la pureza.

—Sí, puede ser. Era un nombre que reflejaba mejor su inocencia.

Silencio.

—Continúe, por favor.

—El tema es que hace más o menos dos meses estábamos hablando después de una misa y le dije: «Mary, ¿podrías venir mañana a darme una mano?». Y ella me respondió: «Por supuesto, padre. Pero ¿hasta cuándo me va a llamar así? Sea bueno. Llámeme Mariana».

Hace un nuevo silencio. Percibo que le cuesta hablar de este tema.

—¿Entonces qué pasó?

—No lo sé, pero me sentí muy enojado. Yo le puse ese apodo y ahora ella lo estaba rechazando. Además, me miró de un modo raro al decirlo.

—¿Qué tenía de raro su mirada?

—No lo sé. Pero no era la mirada de siempre.

—A lo mejor es la mirada que tiene desde hace mucho, solo que usted no podía darse cuenta. Y, como usted asocia este episodio a mi pregunta acerca del momento en que percibió por primera vez que ella ya no era una niña, me parece que lo que usted sintió en ese momento es que Mariana —la llamo así ex profeso— lo miró como mira una mujer. Y a usted, por algo que desconozco, eso lo enojó.

—Puede ser.

—Aunque en realidad no creo que el enojo sea el afecto primario.

—¿Qué quiere decir con eso?

—Que me parece que el enojo fue el modo en el cual usted pudo exteriorizar, sacarse de encima, otro afecto más fuerte: la angustia. Y me pregunto, ¿por qué esta situación lo angustió tanto?

Durante el resto de la entrevista seguimos trabajando sobre esto. Me dejó en claro que no se sintió movilizado sexualmente por la situación y, agregó, que no creía que Mariana lo hubiera mirado provocativamente. Era una gran persona, respetuosa, creyente y colaboradora. De todos modos, convinimos en que algo le pasó con esta cuestión de la pérdida de la inocencia.

Suele ocurrir que los psicólogos supervisemos con algún colega de confianza aquellos casos en los que nos sentimos un poco perdidos. Por lo que a mí respecta, desde siempre, los pacientes que me resultaron complicados me han generado revoluciones emocionales internas muy fuertes. Por eso, mi elección fue supervisarlos en mi propio análisis, porque si yo no podía avanzar era porque algo de lo que ocurría con el paciente me involucraba de alguna manera personal.

El caso de Antonio fue motivo de conversación en todas mis sesiones desde que realizamos aquel acuerdo de siete entrevistas. Así fue que le conté a mi analista la última charla con el sacerdote.

—¿Y usted qué cree?

—No lo sé, Gustavo, no le encuentro la vuelta.

—Piense, algo ha de haber.

—Yo creo en lo que Antonio me dice. No me parece que esté ocultando un deseo prohibido por esa chica. Él me dijo que…

—Ahí está el problema —me interrumpió. Yo permanecí expectante—. Usted está escuchando «qué» le dijo su paciente y no «cómo» se lo dijo. Gabriel, está capturado por el sentido del relato. Pero usted es analista. No trabaja con el sentido, con el significado de las palabras, sino y simplemente, con las palabras —otro breve silencio—. Quiero que se vaya y se quede pensando en esto. Mi consejo profesional es que repita en su mente una y otra vez la conversación con Antonio y ponga especial énfasis en las palabras que utilizó para contarle las cosas.

Mi analista tenía razón. Y estaba tan al alcance de la mano, era tan sencillo, que me sorprendí mucho de no poder escuchar antes lo que tan claramente me dijo Antonio. Pero ahora que lo había hecho, tenía una pregunta fundamental que hacerle.

Cuarta entrevista

—Antonio, ¿cuál era el nombre de su madre?

—Antonia. —Me quedo mudo. No puedo creerlo. Su respuesta derribó todas mis hipótesis—. De ella heredé el nombre. Pobre mamá, murió tan joven. Todo lo hizo rápido. Se casó con mi papá a los 15 años. En aquella época y por aquellos lugares era frecuente que la gente se casara joven. Acaso el paisaje es demasiado inmenso para soportarlo solo. Y el amor, créame, es la mejor medicina para la soledad.

Va a continuar, pero se detiene. Es un hombre perceptivo y acostumbrado a leer en el interior de la gente. Sabe que algo me ocurrió, aunque no sepa qué. Me mira extrañado.

—Perdón, licenciado, ¿le pasa algo?

—Discúlpeme, estoy un poco decepcionado.

—Bueno —se sonríe—, Antonia no será el nombre más hermoso del mundo, pero ¿tanto como para decepcionarlo?

—No, no es eso. Es solo que pensé que su nombre sería otro.

—¿Ah, sí, y cuál había pensado? —me pregunta casi divertido.

—Ana.

Antonio se puso pálido, serio, como si en lugar de pronunciar un nombre lo hubiera abofeteado. Ahora soy yo el que sabe que él está conmovido. Me siento como un boxeador que ve que su contrincante sintió un golpe, y allí voy, a arrinconarlo.

—Antonio, ¿quién es Ana? —le cuesta reaccionar—. Hábleme de ella, por favor.

—Pero ¿cómo es que sabe usted de Ana?

—Porque usted me lo dijo.

—¿Yo? Si ni siquiera me acordaba de ella.

No es momento para explicaciones. No puedo permitir que el recuerdo y la emoción se diluyan en aclaraciones teóricas. Debo insistir.

—¿Quién es Ana? —reitero.

Apoya la cabeza en el respaldo del sillón, mira hacia arriba y respira profundamente antes de hablar.

—Le doy mi palabra de que ya no recordaba esa historia. Pero al nombrarla la trajo usted a mi mente y a mi alma con una fuerza inesperada. Ana era una compañera del bachillerato. La hija de un comerciante de la ciudad. Si bien allá todos nos conocíamos desde siempre, ella y yo nunca tuvimos una relación de amistad. Es más, pasamos los cinco años sin que hubiera entre nosotros ni siquiera una charla profunda.

—Entonces, ¿qué es lo que la hace tan particular para usted?

—Lo ocurrido el 21 de septiembre de 1967.

Me asombra la precisión del recuerdo. Debe haber sido algo muy fuerte.

—¿Qué ocurrió ese día?

—Salimos a festejar la llegada de la primavera con los compañeros de la escuela. Ya sabe. No muy distinto de lo de ahora. Guitarra, canto, futbol y mucha seducción entre adolescentes. El tema es que ese día yo me iba a quedar a dormir en casa de Roberto, mi mejor amigo. A eso de las siete de la tarde, más o menos, se terminó el picnic y nos fuimos a su casa; Alicia, Ana, él y yo. No crea que en aquel tiempo los jóvenes desconocíamos lo que era el sexo.

—Sé que es así.

—Bueno, nos encontrábamos solos porque los padres de Roberto no estaban. Comenzamos a jugar de manera peligrosa —dejo pasar el término sin intervenir—. La cuestión es que Alicia y él se fueron a un cuarto y Ana y yo a otro. —Le cuesta hablar. Esto no es fácil para él—. Empezamos a besarnos, a tocarnos… Por Dios, se me hace muy difícil.

—…

—La cuestión es que… no pude.

—¿Qué no pudo?

—Tener relaciones. Fue una sensación muy fea. Ana estaba desnuda, entregada. De la habitación de al lado nos llegaban los gemidos de Roberto y Alicia que estaban haciendo el amor. Recuerdo que la cama de madera crujía todo el tiempo. Ana esperaba; y yo no podía.

Silencio.

—A ningún adolescente le es fácil la iniciación sexual. Esto es algo que suele ocurrir.

—Sí, lo sé. Hablo con jóvenes todo el tiempo. Pero esto es diferente.

—¿Y por qué considera que en su caso fue diferente?

Silencio.

—Licenciado, ¿sabe por qué recuerdo con tanta exactitud la fecha de lo ocurrido?

Supongo que porque era el día de la primavera. Pero sé que un analista no debe apoyarse en supuestos, sino alentar que el paciente diga lo que piensa con sus propias palabras.

—No. ¿Por qué?

—Por dos hechos fundamentales que ocurrieron en mi vida al otro día, el 22 de septiembre de 1967.

—¿Cuáles?

—Ese día, a las seis de la tarde, tomé la decisión de ser sacerdote. —Asimilo la importancia de lo que acaba de decirme.

—¿Y qué más?

Se muerde un poco el labio inferior, aprieta los puños y se le humedecen los ojos.

—Cuatro horas antes había muerto mi madre.

Quinta entrevista

—De modo que por eso iba a quedarse aquel día en la casa de Roberto.

—Claro, porque mi madre estaba muy grave y mi papá no quería que yo estuviera presente cuando llegara el desenlace. En aquellos años la gente se moría en su casa.

—¿También por eso estaban solos?

—Sí. Porque los padres de Roberto fueron a acompañar al mío.

—Antonio, ¿cómo terminó aquel episodio?

—Simple. Ana se vistió y se fue. Supongo que debe de haberse sentido muy mal. No lo sé, porque jamás hablamos del tema. Yo también me vestí y me quedé tirado en la cama.

—¿Y después?

—Alicia se fue sin que yo la viera. Roberto vino al cuarto y nos quedamos charlando.

—¿Le preguntó algo?

—Sí.

—¿Usted qué le dijo?

—Que no había podido. Él no dramatizó la cosa y dijo que otro día se iba a dar. Me quiso contar su parte de la historia, pero le dije que no hacía falta, que escuché todo. Y nos reímos. Al otro día fui a mi casa. Mi mamá estaba agonizando. Pedí que me dejaran quedar a su lado y así lo hice. El resto de la historia ya se lo conté. No puedo creerlo. Le juro que había borrado todo esto de mi memoria.

—Se llama represión. Es un proceso por el cual...

—Espere, licenciado. Bastante esfuerzo hago al venir aquí. No me pida además que estudie la teoría freudiana —protestó.

—Tiene razón.

Continuamos conversando sobre aquella época de su vida. Como buen hombre de fe, Antonio no veía nada tremendo en la muerte de su madre. Para él, eran distintos momentos dentro de una misma existencia. Realmente creía en lo que decía. Pero sobre el final de la entrevista lo notaba intranquilo, nervioso, algo angustiado.

—¿Qué es lo que está pensando?

Su respuesta, diría Borges, fue «fatal como la flecha»:

—Siento que fui el culpable de la muerte de mi madre.

Supe entonces que, si bien sacamos a la luz una parte importante de su historia, algo quedó sin decir. Algo trascendental. Yo lo sentía y él también. Tan solo nos quedaban dos entrevistas más y debíamos aprovecharlas al máximo.

Sexta entrevista

Ese día Antonio estaba inquieto. Hablaba mucho pero decía poco. El reloj nos jugaba en contra. De modo que al cabo de unos veinte minutos lo interrumpí.

—Lo noto intranquilo, ¿le ocurre algo?

—Sí… Esa sensación de la que hablamos el otro día, la de sentirme culpable por la muerte de mi madre, me tuvo angustiado toda la semana.

—Lo imagino.

—Es que no entiendo por qué ahora me invadió esa idea.

—Antonio, esa idea que le genera tanta culpa y tanta angustia no es nueva. Lo que ocurre es que apenas ahora usted la pudo poner en palabras, y con ellas darle un sentido a una emoción que lo viene acompañando desde hace años y a la que no podía identificar. ¿Recuerda cuando hablamos de la «gran culpa» que se desplaza hacia diferentes situaciones?

—Sí. ¿Usted cree que esta es mi «gran culpa»?

—No. Creo que está muy cerca de ella, pero que hay algo más. —Nos miramos un momento. Continúo—: Dígame, ¿qué relación encuentra entre esta idea y lo ocurrido aquel día en casa de Roberto?

—No lo sé. Podría decirle que el hecho de que mi mamá se estuviera muriendo y yo anduviera por ahí tratando de acostarme con Ana puede ser una causa que justifique mi sensación de culpa pero, la verdad, es que me suena muy rebuscado.

—¿Por qué?

—Porque lo que hicimos con Roberto esa vez no tuvo nada de grave.

La frase me impactó. En el momento no supe por qué, pero el consejo de mi analista vino a mi mente: «No escuche lo que le dice. Escuche cómo se lo dice».

En un segundo repasé la frase tratando de desvelar algo de este misterio.

—Antonio, espere un segundo. Usted ha dicho que lo que hicieron con Roberto «esa» vez no tuvo nada de grave ¿no?

—Sí.

—Dígame, ¿qué «otra» vez hicieron algo que sí considera usted que fue muy grave?

Me miró sorprendido. Con estupor. Después bajó la mirada y su rostro empezó a mostrar señales de que algo le estaba ocurriendo. Meneó la cabeza, se movió inquieto en el sillón. Fueron casi cinco minutos en los que ninguno de los dos abrió la boca.

—¿Sabe? —dijo luego de ese prolongado silencio—. Acabo de recordar algo, aunque en realidad no sé si es un recuerdo o una sensación. —A veces, en estos casos, se hace difícil para el paciente discriminar la veracidad de lo que viene a su mente—. Pero tengo la imagen de una tarde, allá en el campo. Estábamos jugando con Roberto. Tendríamos… no sé, cinco o seis años. Andábamos con las resorteras, cazando pájaros, haciendo puntería en alguna lata que colocábamos sobre una cerca. En fin, haciendo lo de siempre. En un momento nos pusimos a correr y nos metimos entre los maizales. No sé cómo, pero empezamos a mostrarnos el pito —él usa esa palabra—, compararlos y cada uno se lo tocó al otro. Yo me asusté porque sentí que aquello no estaba bien. Le dije que alguien podría descubrirnos. Pero él dijo que no, que allí nadie podía vernos. Me sentía raro, no encuentro el término.

—¿Excitado?

—¿A esa edad?

—Sí, Antonio, a esa edad.

—Le digo que era apenas un niño, ¿es eso posible?

—Sí. Y si quiere después lo hablamos, pero ahora continúe, por favor. No puedo permitir que esta vivencia se diluya.

—El tema es que en un momento decidimos… penetrarnos. Yo lo hice primero. No recuerdo haber sentido nada. Después yo me puse boca abajo. Todavía puedo sentir el gusto de la tierra en mi boca, y él me penetró a mí.

Se queda callado.

—¿Qué pasa, Antonio?

—Pasa que ahí sí, el placer fue enorme. Me gustaba tanto que no quería que él dejara de hacerlo. Sabía que tenía que pararlo para que no pensara que yo era un maricón, pero no quería. Me encantaba.

Otro breve silencio.

—¿Qué pasó entonces?

—En un momento di vuelta la cabeza hacia un costado y vi que un rayo de sol se filtraba entre los maizales. Y me angustié, no sé por qué, pero me angustié. Me lo quité de encima, me subí los pantalones y salí corriendo. Lo esperé fuera del maizal y seguimos jugando. A él no parecía haberle pasado nada. Pero yo me sentía desgarrado, condenado.

Le doy un minuto para reponerse.

—Dígame, ¿cómo se siente?

—No lo sé. Es muy fuerte recordar esto. No puedo creer cómo un recuerdo tan fuerte, tan patente, se me olvidó.

—La represión, ¿recuerda? Pero no se asuste, que no se la voy a explicar. —Sonríe—. Creo que por hoy es suficiente. Sigamos en la próxima entrevista.

—La última.

—Puede ser.

Séptima entrevista

Se sienta frente a mí y me mira. Se ve tranquilo, calmado. Ya no es el hombre angustiado e inquieto de otras veces.

—Gabriel, quiero decirle que decidí que no voy a continuar con nuestro tratamiento. —No digo nada—. Pero en esta última entrevista me gustaría que me acompañara a reflexionar sobre todo esto que hemos estado trabajando. Y después, al final, me gustaría pedirle algo, ¿está de acuerdo?

—Por supuesto.

—Entonces, primero explíqueme cómo dedujo la existencia de Ana.

—Yo no lo deduje, usted me lo dijo.

—¿En qué momento?

—Antonio, usted no podía llamar a esta colaboradora suya, la catequista, por su nombre. Entonces, ¿qué hizo? Descompuso el nombre Mariana en dos: Mari-ana. Mary quedó asociado a la ternura, a la pureza y «Ana», en cambio, quedó adherido a algo angustiante y peligroso. Usted, como ve, me estaba diciendo que había que buscar por el lado de «Ana», que allí había algo que asociaba con lo impuro y pecaminoso. Por eso le pregunté quién fue ella en su vida.

—Entonces yo tenía razón. No se trataba de que hubiera deseo carnal entre Mariana y yo.

—Tenía razón, pero esta situación lo remitía inconscientemente a otra en la cual sí hubo un deseo carnal. Aunque tampoco la verdadera protagonista era Ana. Ella solo fue un dedo que señalaba el camino.

—¿A qué se refiere?

—A que la culpa no estaba relacionada con su intento fallido de acostarse con ella. Dígame, después de todo lo que hablamos, ¿no se preguntó por qué no pudo tener sexo con Ana aquella tarde?

—Sí.

—¿Y?

—No hallé respuesta.

—Le pido que volvamos a esa escena. Usted está en un cuarto, desnudo con una mujer por primera vez. Tiene 17 años. Seguramente la situación le genera mucho miedo pero a la vez lo excita. Todos los estímulos son nuevos para usted. El contacto de su piel con la de Ana, la visión de su cuerpo desnudo, su olor, el sabor de sus besos. ¿Sabe qué me llamó la atención?

—No.

—Que a pesar de tratarse de un momento inaugural tan importante en su sexualidad, usted no hizo ningún comentario de lo que percibía con ninguno de sus sentidos. Excepto con uno.

—¿Con cuál?

—Con el oído. ¿Recuerda lo que me dijo que escuchó en aquel momento?

—No.

—Los gemidos de Roberto y Alicia. Y yo me pregunté qué de aquello que escuchó fue tan fuerte como para inhibir todo lo demás.

—¿Y?

—Y la respuesta también me la dio usted.

—¿Cómo?

—Cuando me dijo que «esa vez» Roberto y usted no hicieron nada malo, me confirmó que lo que aquella tarde lo angustió tanto como para volverlo impotente fue escuchar los gemidos de Roberto. Los de Alicia poco importaban, pero los de él sí, porque remitían a otra cosa, más antigua, más profunda y traumática. A algo que tenía que ver con un deseo homosexual y que lo hizo sentir tan impuro y pecador como para merecer una penitencia. Esa tarde, al escuchar «los gemidos de Roberto» seguramente volvió a usted, aunque lo reprimiera, el recuerdo infantil y con él, un deseo homosexual. Algo para usted inaceptable, terrible y que ameritaba un castigo. Al otro día de que usted «pecara» con ese deseo, su madre muere. Y he ahí el castigo que creía merecer. Y de allí su sensación de haber sido el causante de esa muerte.

Silencio.

—Todo por aquel juego infantil.

—Antonio, aquello para usted no fue un simple juego infantil. Fue tal vez la experiencia erótica más fuerte de su vida. Una «vivencia sexual infantil y traumática vivida con placer». Y ese tipo de vivencias dejan como saldo una profunda sensación de culpa. Una culpa tan enorme que lo ha acompañado toda la vida y ha teñido todos sus actos. —Pausa—. Antonio, usted me preguntó si podía haber sentido excitación a esa edad. ¿Lo recuerda? —Asiente—. Y yo le dije que sí, porque la sexualidad está en el sujeto humano desde que nace. Más aún, a esa edad supuestamente inocente, es cuando más se impone y cuando más angustia. Porque el niño no está psíquicamente preparado para poder responder a tanta excitación. Eso llegará con la adultez. Pero ya desde niños las sensaciones y los deseos son muy fuertes, y buscando una manera de satisfacerlos, todos comienzan a desarrollar su sexualidad con juegos como los que usted tuvo con Roberto.

—Y entonces, si todos pasan por eso, ¿por qué en mí produjo semejante efecto?

—Yo también me lo pregunté. Y al hacerlo me detuve en algo que usted me contó y que, nuevamente, se le impuso desde los sentidos. Esta vez desde la vista.

—¿Qué? —pregunta extrañado.

—Aquel rayo que se filtró entre los maizales.

—No entiendo.

—Piense, Antonio. ¿Qué me dijo que era su madre para usted?

Sonríe emocionado.

—Un sol.

—Un sol —remarco—. ¿Y qué decía ella siempre?

Silencio profundo.

—«Nada escapa de la mirada de Dios».

—Exacto. Y creo que ese rayo de sol representó en aquel momento para usted la presencia de su madre, y la mirada de Dios que todo lo ve.

Silencio prolongado.

—¿Sabe qué pienso ahora?

—¿Qué?

—Que yo dije que no quería que Mariana creciera para que no perdiera su inocencia. Pero que en realidad lo que me angustiaba era mi propia inocencia perdida.

—Puede ser. Pero eso ya nos abre otros caminos. Y no quiero abrirlos si no voy a acompañarlo a recorrerlos. De modo que espero que esto le haya resultado una experiencia interesante. Para mí, se lo juro, fue un placer trabajar con usted.

—Créame que sí; que me ha servido de mucho. —Nos miramos un instante—. Gabriel, usted me preguntó cuando yo llegué a verlo por qué no hablaba con mi confesor en lugar de venir a su consultorio, ¿se acuerda?

—Sí.

—Bueno, creo que no lo hice porque al haber borrado de mi memoria todos estos hechos, no sabía qué cosa era la que tenía que confesar. Ahora lo sé. Y es por eso que decido no continuar. Sigo creyendo en mi fe y voy a utilizar las herramientas que mi religión me da para resolver esto que llevo en mi alma.

Empiezo a incorporarme pero me detiene.

—Antes de despedirme me gustaría hacerle dos preguntas.

—Lo escucho.

—¿Usted cree que mi decisión de ser sacerdote ha sido una forma de escapar de la sexualidad?

—Puede ser, no lo sé. Pero todas las decisiones están condicionadas por algo. Y lo que sí sé es que usted ama lo que hace. De modo que me parece que debe disfrutar de su ministerio sin ninguna culpa.

—Y la última y más difícil. —Breve silencio—. ¿Soy homosexual?

Me quedo callado unos segundos. Viene a mi memoria una frase que Antonio dijo en la segunda entrevista: «Nunca me he fijado en ninguna de las mujeres que han venido a mi parroquia. Ni chicas, ni grandes. Jamás». ¿Y en los hombres? —me pregunto—. ¿Alguna vez se habrá fijado en alguno de un modo diferente? Pero la verdad es que desconozco la respuesta. Y no es el momento de ponerse a indagar. Él decidió llegar hasta aquí y debo respetar su deseo.

—Antonio, esa es una verdad que no hemos llegado a descubrir. Pero sigue siendo, de todos modos, su verdad y si le interesa la respuesta, recuerde que es usted quien la posee, no yo. Lo único que puedo decirle es que usted es un hombre con todas las letras. Alguien noble que se sacrifica por los demás y que se acerca al dolor de los que sufren. Es usted una gran persona y un sacerdote ejemplar, padre Antonio.

Sonríe y nos ponemos de pie. Nos miramos a los ojos y estrechamos nuestras manos.

—Gabriel, le agradezco mucho todo lo que ha hecho por mí. Pero déjeme decirle algo. Yo también soy un hombre que entiende de la angustia del alma humana —me mira con mucha comprensión—, y creo percibir que hay en usted un dolor muy profundo y una gran soledad. Y siento que no es verdad que usted no crea en Dios. Creo que está enojado con Él, que hay cosas que no le perdona. Y sepa que lo comprendo. A veces no es sencillo para nosotros entender el porqué de sus decisiones. Y aquí viene mi pedido.

—Dígame.

—Usted me ha enseñado que a veces, por mucho que uno crea en algo, es necesario estar abierto a recibir ayuda que provenga de otros lados. Yo vencí mis prejuicios y vine a verlo. Si alguna vez usted vence los suyos, si advierte que el análisis no le basta y siente la necesidad de probar algo diferente, algo más espiritual, prométame que va a venir a verme. —Sonrío y asiento con mi cabeza—. Sería un placer enorme poder ayudarlo.

No digo nada, pero confirmo mi sospecha: el padre Antonio es un gran sacerdote, y vaya si conoce del alma humana.

UNA INOCENCIA SOLITARIA

(LA HISTORIA DE ISABEL)

En el islam cuentan de la existencia de las Huríes.
unas mujeres tan hermosas
que ningún hombre podía resistírseles.
Y dicen que bastaba una gota de su saliva
para endulzar toda el agua del mar.

MITOLOGÍA ISLÁMICA

Miré el número que había anotado en la agenda para corroborar que no hubiera ningún error; no lo había. Sin embargo, la comunicación no era con la persona que esperaba. Pensé que era probable que hubiera marcado mal, razón por la cual corté y volví a llamar. Después de tres timbres, desde el contestador automático me respondió la misma voz.

—Hola, te comunicaste con Jeny. Déjame tu teléfono y te llamo. Chau, chau.

Corté sin dejar mensaje. Seguramente, habría anotado mal el número. Me agendé llamar al médico psiquiatra que me había derivado a la paciente para corregir mi error y ponerme en contacto con ella. Pero no hizo falta. Tres horas más tarde recibí un llamado a mi consultorio.

—Hola.

—Hola. ¿Quién eres? —me preguntó de modo seductor—. Tenía dos llamadas perdidas de tu número en mi celular.

Reconocí la voz.

—Ah, sí claro. Mi nombre es Gabriel Rolón. Quería comunicarme con Isabel Martirena, pero se ve que anoté mal el número. Le pido disculpas.

Se hizo un breve silencio.

—No, no se equivocó, licenciado. Es el número correcto. Yo le dejé el mensaje. Mucho gusto. Yo soy Isabel Martirena.

Me sorprendí, pero no era el momento para hacer preguntas. Noté, eso sí, que algo había cambiado en su actitud. El tono de su voz se había puesto más grave, más serio.

—Encantado.

Se hizo un breve silencio.

—Le cuento —me dijo—. Yo lo andaba buscando porque me aconsejaron que hiciera una terapia y me lo recomendaron a usted.

—Entiendo.

—Entonces ¿le parece si arreglamos un horario para la entrevista?

Ese fue nuestro primer contacto, y convinimos en encontrarnos el día miércoles a las 17 horas. Traté de no pensar más en el tema hasta no verla, para evitar generar ideas previas que contaminaran mi escucha espontánea en la entrevista. Supuse que ella se encargaría de aclarar el malentendido en nuestro primer encuentro pero, como suele ocurrir cuando un analista da por sentado algo, me equivoqué.

El miércoles a las cinco en punto Sonia, mi asistente, golpeó la puerta de mi consultorio.

—Llegó Isabel Martirena. No la conozco ¿es una paciente nueva?

—Sí.

—Tú sí que no te privas de nada —dijo sonriente.

—No entiendo. ¿Qué quieres decir?

—Ya vas a entender cuando la veas. ¿La hago pasar?

Asentí y me quedé esperando hasta que Isabel entró y entonces comprendí el porqué del comentario de Sonia. Era una mujer, aunque mejor sería decir una adolescente, de una belleza poco habitual. Su cabello, cobrizo y peinado con dedicación, le caía hasta los hombros. Su cara tenía una perfección áurea. Era alta y esbelta, delicada, y atractiva.

Estiré mi mano y me decidí inmediatamente por el tuteo.

—Hola. Pasa y toma asiento por favor.

—Gracias.

Dejó su bolso en el piso y con soltura se recostó en la silla. Cruzó las piernas, me miró a los ojos y sostuvo la mirada. No es común que esto ocurra en una primera entrevista. Por lo general, el paciente llega angustiado, tenso y evita el contacto visual directo. Va a hablar de cosas que le duelen, o que le avergüenzan, y entonces esquiva la mirada para no sentirse observado.

Se trata de un mecanismo de defensa heredado de la infancia. Cuando un niño tiene miedo, se tapa la cabeza porque piensa que si él no ve, tampoco será visto. De igual modo, los adultos creen, inconscientemente, sentirse a resguardo desviando la vista cuando temen exponerse. No era el caso de Isabel. De todas maneras, a pesar de esa prueba de fortaleza, tomé el modo coloquial que suelo utilizar con los pacientes cuando son tan jóvenes.

—Cuéntame. ¿Por qué querías hablar conmigo?

—En realidad fue una sugerencia del doctor Enríquez. Yo fui a verlo a él, pero me dijo que le parecía que lo mío era más para un psicólogo que para un psiquiatra.

—Ajá. ¿Y qué es «lo tuyo»?

—Que desde hace unos meses no ando bien. Me cuesta dormir y estoy muy ansiosa. Perdí un poco el apetito y no puedo parar. Salgo todo el tiempo, ya sea a caminar o a hacer compras. Salvo cuando trabajo, no estoy nunca en casa.

Isabel describió sus síntomas con calma y precisión, por lo que intuí que ya tenía previsto cómo iba a presentarse y de qué iba a hablar. Decidí, entonces, intentar abrir su discurso hacia otros temas. Ya volveríamos a la sintomatología que la preocupaba en caso de ser necesario.

—¿Cuántos años tienes?

—Veintiuno.

Algo en su tono me llamó la atención.

—¿Me equivoco o eres del interior?

Sonríe.

—¿Qué, tanto se me nota?

—Un poco.

—Sí, soy de un pueblito de la provincia de Santa Fe. Pero hace tres años que vine a Buenos Aires. Ni bien terminé la secundaria; ni loca me quedaba allá.

—¿Por qué?

Suspira y por primera vez desvía la mirada.

—¿Alguna vez viviste en un pueblo?

—…

—Bueno… Siempre eres algo de alguien. Allá no eres Isabel, María o Francisco. Eres la hija del panadero, o la chica de los Roldán. Pero siempre eres algo de alguien.

—Entiendo. ¿Y tú quién eras?

—Yo, para la mayoría, era la sobrina de Méndez Agüero —hace un breve silencio—, pero ni siquiera eso es cierto.

—Ah, ¿no?

—No. En realidad no es mi tío, sino el mejor amigo de mi papá. Pero en los pueblos es así.

—Claro, Méndez Agüero es como un hermano para tu papá.

Me mira con seriedad.

—Puede ser, pero no es mi tío.

Es contundente al decirlo. Sus labios se afinan por el efecto de la tensión y su voz suena grave. Algo referente a este tema la angustia y, por eso, decido seguir por este camino.

—A ver… Háblame un poco más de esto.

—La historia es así. Mi bisabuelo era dueño de una hacienda pegada a la de los Méndez Agüero. Eran las dos haciendas grandes, como las llamaban en el pueblo.

Su tono se va relajando a medida que habla, por lo que deduzco que nuevamente se ha refugiado en un relato que debe haber repetido muchas veces. Lo recita casi de memoria y retoma el control y la postura confiada de sí misma.

—Mi familia siempre tuvo mucho dinero; éramos parte de la crema. Pero ya sabes lo que se dice acerca de las fortunas.

—No. ¿Qué se dice?

—Que una generación la construye, la segunda la disfruta y la tercera la funde.

—Ajá. ¿Y la tercera generación es la de tu padre?

—Sí. Mi papá nunca fue bueno para los negocios y no entendía nada del campo. Para él la hacienda era un lugar para andar a caballo y cazar perdices.

—¿Y cómo es que fue perdiendo todo?

—Cuando mi abuelo murió, mi papá quedó a cargo. No tiene hermanos y, por eso, todo le pertenecía. Bueno, te lo hago breve. Todo lo hizo mal y de a poco fue vendiendo el campo a su vecino, Miguel Méndez Agüero, hasta que ya no tuvo nada más que vender. Miguel era amigo de toda la vida de mi papá y entonces, cuando se quedó con todo, lo dejó seguir viviendo en la casa y le ofreció un trabajo que le permitió conservar la apariencia.

—¿Solo a tu papá?

—No, en realidad, a todos; menos a mí. Nunca me enganché en esa farsa. Cuando yo nací, ya casi no quedaba nada, de modo que siempre supe que todo era una mentira.

Lo dice con un dejo de tristeza, pero por sobre todas las cosas con mucho enojo. Hay algo en ese acuerdo que la irrita. Pero no es aún el momento de hablar de eso.

El vínculo analítico requiere un tiempo para construirse y permitir que el paciente entre en transferencia con el profesional. Ese tiempo es variable. A algunos pacientes les cuesta mucho, a otros poco y algunas personas nunca llegan a esa situación y el análisis se aborta. En este caso, todo sucedería de modo veloz.

A medida que pasaban las sesiones iba conociendo las distintas facetas de la personalidad de Isabel. Supe que estudiaba arquitectura y era una excelente alumna. Era culta, tenía un sentido del humor refinado y un pensamiento agudo. Pero, por momentos, parecía una niña enojada, el brillo de su inteligencia desaparecía y se defendía como podía intentando no ceder a sus emociones.

Fue en la quinta entrevista que pudimos entrar un poco más en su historia y ver de qué manera la condicionaba en su presente. Ella estaba contando una travesura escolar que protagonizó junto a sus dos mejores amigas. Al parecer molestaron a una profesora. Me dijo que el rector citó a los padres de las tres involucradas y que estaban reunidos en su despacho.

—No sabes, mis amigas y yo no podíamos contener la risa. El rector nos miró y dijo que si no decíamos cuál de nosotras había sido, nos suspendía a las tres. Entonces la mamá de Mariela, que era una vieja chismosa, empezó a decir: «Fue la nieta de Abelina, fue la nieta de Abelina»… y nosotras no aguantamos más y nos reímos.

Se ríe. Está relajada y disfrutando del recuerdo.

—¿Y quién era la nieta de Abelina?

Pausa.

—Yo.

Recordé una frase de nuestra primera entrevista e hice la pregunta.

—Cuando nos conocimos, me dijiste que en el pueblo, para la mayoría, eras la sobrina de Méndez Agüero. Se ve que para la mamá de tu amiga no. Para ella eras la nieta de Abelina.

—Sí. Porque ella conoció a mi abuela y sabía cómo era «la otra historia».

—Ah, ¿sí? ¿Y cómo era otra la historia?

Hace un silencio prolongado, lo cual significa que esta parte de su vida no es como la otra, la que se tenía estudiada y contaba casi como si le hubiera pasado a otra persona. Por el contrario, estaba convencido de que de esto hablaba poco o nada.

—Mi abuela se llamaba Abelina Pérez, era española. Vino con sus padres a los 14 o 15 años y enseguida empezó a trabajar como sirvienta en la estancia de don Francisco Martirena.

—¿Martirena?

Asiente.

—Pero, entonces…

—Sí. Era el padre de mi abuelo Julián. Allí se conocieron, casi como en una novela, pero sin odios.

—¿Qué quieres decir con eso de «sin odios»?

—Claro. ¿Ves que en las novelas los padres ricos detestan a la chica pobre y le hacen la vida imposible? Bueno, no ocurrió nada de eso. Al contrario. Mis bisabuelos eran gente muy especial; tan linda, tan noble. —Pausa—. Enseguida se dieron cuenta de que entre su hijo y la sirvienta había surgido algo y, como conocían bien a mi abuela, se alegraron. No solo les dieron su consentimiento sino que los apoyaron en todo. Los ayudaron a casarse, les dieron un hogar allí mismo, en la hacienda. —Pausa—. Mi abuela los adoraba.

—Bueno, parece ser un lindo recuerdo. Entonces, ¿por qué habría que ocultarlo y convertirlo en «la otra historia»?

Isabel bajó la cabeza y percibí un gesto de vergüenza. Sus hombros se encogieron y habló sin levantar la vista.

—Eso vino después, con mi mamá.

—¿Qué tiene que ver tu mamá en todo esto?

—Que ella se casó con el hijo de un hacendado, no con un bastardo, e hizo todo lo posible por borrar la figura de mi abuela. Actuaba como si ella nunca hubiera existido, incluso le prohibió a mi papá que nos hablara demasiado del tema.

—¿Y tu papá aceptó?

Mueve la cabeza con gesto resignado.

—Mi papá es un mandilón.

—Pero aun así, se ve que no sabía esconder bien las cosas ¿no? Digo, porque tú te enteraste igual.

—Sí, porque tuve la suerte de conocer a mi abuela. Y jamás voy a olvidarla… Ella era un ángel, y sin embargo mis papás se avergonzaban de ella.

—Pero, por lo que veo, tú no. Es más, me parece que te gusta más ser la nieta de Abelina que la sobrina de Méndez Agüero. ¿O me equivoco?

Muestra su sonrisa perfecta y su gesto se dulcifica.

—No, no te equivocas. Yo quisiera ser en todo parecida a mi abuela.

—A pesar de que tus padres se avergonzaran de ella.

Isabel levantó la cabeza y me miró desafiante.

—Sí. Pero también se avergonzarían de mí si supieran lo que escondo.

Sentí que iba a hacer una confesión que, aunque su postura fuera desafiante, significaba un gran peso para ella, y supe que la transferencia se había instalado, que nuestra relación podía ya soportar su secreto.

—¿Ah, sí? ¿Y qué es lo que escondes?

Desvió la vista y su mirada se detuvo en algo que había en mi biblioteca. Luego me clavó los ojos y habló de un modo imperturbable. Más atenta a mi reacción que a sus sentimientos.

—Soy puta —dijo y se quedó esperando mi reacción. Yo permanecí en silencio sin hacer gesto alguno—. Vivo de eso. Y ellos también, porque soy yo la que les manda el dinero todos los meses, aunque jamás se preocuparon por saber de dónde lo saco.

Un analista siempre debe estar preparado para escuchar lo que el paciente quiera decir, por más duro que parezca. Y no juzgar. La ética del Psicoanálisis es la del respeto por la palabra del paciente. Como analistas, debemos escapar de los prejuicios que pudieran colocarnos en el lugar de un censor que decide qué está bien y qué está mal. De todos modos, en esta ocasión, no me costó nada sostener esa abstinencia. Por el contrario, estaba en el lugar en el que debía estar, y tal vez por eso, la primera llamada telefónica me vino a la mente.

—¿Por eso lo de Jeny en el contestador de tu teléfono?

—Sí. Todas usamos otro nombre. No sé si alguna vez estuviste con una puta.

—…

Mi silencio pareció divertirla e intentó escapar a su emoción.

—Bueno, en caso de que no lo hayas hecho, te cuento que ninguna usa su nombre verdadero. Es un código, una precaución, para evitar que los clientes puedan ubicarte o saber quién eres realmente.

Pero yo no iba a dejar pasar este momento sin relacionarla con lo que me estaba contando.

—O a lo mejor lo haces porque necesitas sentir que esa que está allí, haciendo esas cosas, no eres tú sino otra, que se viste de un modo diferente, que incluso hasta tiene otro nombre.

Se quedó unos segundos en silencio, luego me sonrió.

—¿Podría pedirte un vaso de agua?

Miré el reloj de pared y vi que aún quedaban unos minutos antes de la llegada del próximo paciente, de modo que decidí acceder a su pedido. Me levanté y fui hasta la cocina. Llené un vaso con agua fría y volví al consultorio. Al entrar vi que Isabel se había levantado del sillón. Estaba de espaldas curioseando en mi biblioteca y tenía en su mano algo que no pude distinguir.

—Toma —le dije acercándole el vaso.

Ella se dio vuelta y me sorprendí. Había tomado una máscara veneciana que estaba en mi biblioteca y ocultó su rostro con ella cuando me miró. Yo dejé el vaso en la mesa y me senté. Unos segundos después, apoyó la máscara en la misma mesa y se sentó también.

—¿Te molesta que juegue? —me preguntó sonriente.

—Según. ¿Con la máscara o conmigo?

Su gesto se tornó serio.

—Isabel, creo que hoy pudiste hablar de cosas muy íntimas, quitarte la máscara y eso me alegra mucho. Porque quiere decir que ya entendiste que para ser alguien aquí, no necesitas ser la sobrina de Méndez Agüero, como en tu pueblo, ni Jeny, como con los demás. Porque te sientes segura y puedes mostrar quién eres. Es un gran paso el que dimos —le sonrío— de modo que por hoy es suficiente.

Me levanté y caminé hacia la puerta. Ella me siguió.

—¿Qué hago con esto? —me preguntó aludiendo a la máscara que tenía en la mano.

—Déjala en la biblioteca. Por hoy ya nos ayudó bastante.

Esta sesión marcó un punto de giro en el tratamiento. Consideré que Isabel pudo hacer su entrada en análisis y, a partir de ese día, comenzó a trabajar en el diván.

Por importante que sea un tema, como analista no puedo obligar al paciente a que hable de ello. Por el contrario, la regla fundamental del Psicoanálisis es que diga todo lo que le venga a la mente, sin planificarlo y sin seleccionar sus pensamientos. A esta regla le llamamos «asociación libre», y no solo debe ser respetada por el paciente, sino sostenida por el analista, razón por la cual, para volver a hablar de «Jeny» debía esperar a que Isabel la trajera a la sesión, cosa que ocurrió apenas un mes después.

Ese día estaba enojada y la notaba inquieta.

—¿Pasa algo?

—Sí. Ayer me llamó mi mamá.

—¿Y qué quería?

—Me dijo que mi papá está enfermo y tiene que venir a hacerse unos estudios médicos a Buenos Aires.

—¿Te preocupa la salud de tu padre? ¿Por eso estás así?

—No, no es eso.

—¿Entonces?

—Es que no quiero que se instale en mi casa.

Seguramente había un motivo para su disgusto, y yo debía ayudarla a ponerlo en palabras.

—Isabel, tú me dijiste hace un tiempo que, salvo cuando trabajabas, no estabas nunca en tu casa, ¿lo recuerdas?

—Sí.

—¿Eso quiere decir que tú atiendes a tus clientes en tu departamento?

—Sí.

—¿Y qué vas a hacer cuando tu papá esté instalado en tu casa? ¿Los vas a recibir en otro lado?

Ni siquiera duda al responder. Como si ya lo hubiera decidido.

—No, no. Ya lo estuve pensando. Los voy a atender en casa, cuando mi papá esté durmiendo.

Hice un breve silencio para permitirle escuchar lo que estaba diciendo.

—Un poco arriesgado ¿no te parece? —ironicé—. ¿No será que en el fondo tienes ganas de que él se entere de lo que haces?

Isabel no dijo nada. Yo sostuve ese silencio durante varios minutos. Esa es otra de las ventajas de la técnica del diván. En situaciones como estas, le permite al paciente tomarse su tiempo, conectarse con sus miedos, su angustia o su enojo sin ponerse ansioso por la mirada del analista. Isabel aprovechó ese silencio, del que salió con una pregunta.

—¿Y qué, está mal?

—¿Qué cosa?

—Si fuera así, digo ¿tendría algo de malo que yo quisiera que él se enterara de dónde saco el dinero para mantenerlo?

En ese momento me di cuenta de que era muy probable que cometiera un *acting*, es decir, que de un modo inconsciente y ante la imposibilidad de hablarlo, se encargara de que alguna acción denunciara por lo que estaba pasando. Que intentara que su padre descubriera todo por sí mismo. Y yo sabía que no era esa la única opción posible, y mucho menos, la más sana para ella.

—Isabel, tú puedes desear lo que quieras. ¿Tienes ganas de que tu padre se entere de que eres puta? Y bueno, adelante, tienes derecho a eso. Pero ¿por qué así?

—¿Y de qué otra manera?

—Diciéndoselo, por ejemplo.

—No… no puedo.

Sabía que lo que iba a decir iba a dolerle, pero el cirujano no deja de cortar aunque la herida sangre, ya que sabe que lo hace por el bien de su paciente. A veces, tampoco un analista puede ahorrarle a su paciente un dolor cuando se dirige en busca de la verdad.

—¿Estás segura de que no puedes? ¿No será que no te basta con que lo sepa y quieres que además lo vea; que compruebe cómo su hija sale de la habitación con un hombre con el que se acaba de acostar por dinero? —hago una pausa antes de continuar—. ¿No será que tú lo que quieres es que se sienta mal, castigarlo por algo? Y si así fuera, me pregunto: ¿por qué? Porque hasta donde sé, la decisión de trabajar de esto fue tuya. A no ser que haya algo que todavía no me hayas contado.

Isabel no volvió a hablar, y yo tampoco. Estuvo diez minutos en el diván sin decir una sola palabra. Al despedirnos me quedé con dos impresiones: la primera, que para ella, esta sesión había sido movilizante en extremo, y la segunda, que ese rencor contra su padre venía de otro lado, de otro tiempo y que lo que fuera que hubiera ocurrido, tenía que ver con la existencia de «Jeny».

Su padre llegó tres semanas después y, como estaba previsto, se instaló en su departamento. Después de haberlo trabajado durante algunas sesiones, finalmente Isabel decidió no atender a sus clientes en su casa. Sin embargo, se le notaba muy nerviosa. No lograba disfrutar de su compañía y no veía la hora de que su padre se fuera, pese a lo cual, ponía su mejor voluntad en que todo discurriera de la mejor manera.

Un jueves, cerca de la medianoche, recibí una llamada.

—Hola.

Del otro lado solo me llegaba un llanto desconsolado de alguien que no podía identificar.

—Hola, ¿quién es?

La voz sonó desesperada.

—No le importa nada de mi vida…

Reconocí su voz.

—Isabel, ¿eres tú?

—Ay, Gabriel, ayúdame, por favor.

—Por supuesto, pero dime ¿qué pasó?

—Mi papá —dijo y su voz volvió a quebrarse— se enteró de todo; y no le importó un carajo.

Cuarenta minutos después, Isabel estaba en mi consultorio; aunque sería más preciso decir que «Jeny» estaba en mi consultorio. El maquillaje acentuaba aún más sus rasgos hermosos. Llevaba tacones, un vestido elegante, pero demasiado corto y escotado para lo que habitualmente usaba. Las lágrimas habían desparramado el rímel por su cara y tenía los ojos rojos.

Entró, caminó hasta el diván, se acostó y rompió en un llanto interminable que no quise interrumpir. Sea lo que fuere lo que le hubiera ocurrido, tenía derecho a su dolor.

Hay una diferencia enorme entre sufrir y padecer ya que, mientras el padecimiento implica que el dolor se ha vuelto patológico, en algunas situaciones, el sufrimiento es la mejor respuesta posible.

Isabel lloró casi media hora sin parar. Después, me pidió permiso para ir a lavarse la cara. Al volver se detuvo a mi lado.

—¿Puedo? —me preguntó señalando el sillón que estaba frente a mí.

Asentí. Que un paciente haga diván, no implica que en alguna ocasión el analista no considere conveniente tener una sesión cara a cara, y esta era una de esas ocasiones.

—¿Qué pasó, Isabel?

—Te conté que en estos días estaba atendiendo en el departamento de una amiga. Yo me armaba una maleta en la que me llevaba la ropa de… de trabajo, y me cambiaba allá. Pero hoy no tenía tiempo porque tenía que ver a un cliente habitual que siempre me pasa a buscar a casa. —Pausa—. Quedé a las once sabiendo que mi papá se duerme temprano. Hice todo con tiempo; no tenía por qué haber ningún problema.

—Pero lo hubo.

—Sí. Yo me cambié, dejé la maleta sobre la mesa con... —se interrumpe—. Uf, qué difícil.

Supuse que le incomodaba dar cuenta de las cosas que puede necesitar para realizar su trabajo e intenté tranquilizarla. El análisis apunta a los contenidos inconscientes, a los traumas arcaicos que producen síntoma y enfermedad, y es bueno que el paciente pueda hablar de todo con su analista; pero eso no implica que no tenga derecho a su privacidad.

—Isabel, puedo escuchar todo lo que tengas para decir, pero debes saber que también puedes callarte lo que no quieras contar.

Asintió.

—El tema es que fui a prepararme un café y, cuando vuelvo al comedor me encontré a mi papá mirando la maleta. —Le hago un gesto y ella intenta una sonrisa, que no consigue—. Está bien, yo la dejé abierta.

—¿Y entonces?

—Entonces me miró como si no hubiera visto nada, como si yo estuviera vestida con pijama. Como si esto —se señala— y esto —abre su maleta y saca un vibrador que coloca sobre la mesa— no significaran nada.

A medida que habla, su angustia va dejando paso a la indignación.

—¿Sabes qué hizo? Me dijo hasta mañana y se dio vuelta. Pero ya era tarde.

—¿Qué quieres decir con eso?

—Que en esos segundos yo ya había decidido que quería hablar, que iba a contarle todo.

—...

—Le pedí que se sentara y le pregunté si sabía lo que significaba todo lo que vio.

—¿Y él qué te respondió?

—Nada, porque en ese momento sonó el portero. Fui a atender y me disculpé con mi cliente diciéndole que había tenido un problema y que no iba a poder salir.

—¿Por qué hiciste eso?

—Porque lo único que quería era hablar con mi papá —me responde llorando—, pero cuando volví al comedor, él ya se había acostado. —Aprieta los puños—. Te juro que me indigné. Sentí una molestia tremenda y fui hasta el cuarto. Le abrí la puerta y prendí la luz. Estaba desquiciada.

Se cubre la cara avergonzada y hace silencio. Le cuesta mucho hablar.

—¿Y qué pasó entonces?

—Pasó que… me desabroché el vestido y le pedí que me mirara. Que viera mi lencería, mi liguero. —Comienza a llorar—. Le pregunté si sabía qué significaba eso, y me dijo que no. Entonces no aguanté más y le grité que lo que eso significaba era que soy una puta. Que me cogen por dinero; dinero que les mando a él y a mi mamá para que sigan fingiendo ser lo que no son; dinero que a veces me gano haciendo cualquier cosa con personas que me dan asco, que me emborrachan o algunos que, incluso… me lastiman.

Llora como si fuera una niña desamparada que fue en busca de consuelo sin conseguirlo. Al menos de su padre. Por algo eligió estar ahora en el consultorio.

—¿Y él que te dijo?

Niega con la cabeza como no pudiendo creer la respuesta de su padre.

—Me dijo que no me lo tomara así. Que esto era lo que me había tocado y que la vida no siempre era fácil. Pero que no me sintiera mal, porque él me entendía y me quería igual.

Es muy difícil transmitir lo que se siente ante una situación como esta. El paciente está quebrado, la angustia lo desborda y, en ese momento, cuesta encontrar las palabras justas para poner un límite a tanto dolor. Por eso, decidí callar.

Ella se levantó y caminó hasta la biblioteca. Acarició la máscara veneciana y me habló desde allí.

—Gabriel, yo me quedé pensando en lo que hablamos la otra vez. Tú tenías razón en una cosa, pero te equivocaste en otra.

—No sé a qué te refieres.

—A que es verdad que yo quería vengarme de mi papá. Pero lo que no es cierto, es que yo haya elegido ser puta. —Silencio—. No fui yo quien lo eligió. Fueron ellos.

—¿Ellos, quiénes?

—Mis papás.

Camina hasta el diván y se acuesta.

—Yo fui solo su posibilidad de no perder lo que tenían. La niña linda que podía evitar la catástrofe familiar.

Ya no podía ver sus ojos, pero con ese entendimiento tan especial que genera el análisis, recordé algo que había dicho en nuestra primera entrevista y comprendí lo que me estaba diciendo.

—Isabel, tú no eras la sobrina de Méndez Agüero, como decían en el pueblo. Tú eras su amante, ¿no?

Asiente, mientras se tapa la cara con la mano.

—¿Qué edad tenías cuando comenzó esa historia?

—Trece.

Trece años. Isabel era todavía una niña. Y, por su estado emocional, deduzco que no fue el desafío de vivir una aventura erótica con un hombre más grande, ni un juego de iniciación sexual que le haya resultado divertido. Por el contrario, ella no quería que eso ocurriera. Pero no lo pudo evitar.

—¿Y cómo fue?

Se toma unos segundos antes de hablar.

—Nosotros solíamos pasar mucho tiempo en la casa de Miguel. Un día fuimos a almorzar y me quedé jugando en la alberca. Cuando salí, mis papás se habían ido y me habían dejado allí. Entonces, él me llevó para adentro y me empezó a hablar. Me dijo que no tenía que preocuparme por los problemas económicos de mi familia porque él no iba a dejar que nada malo nos pasara, porque mi padre era su amigo, pero especialmente, porque me quería mucho a mí. —Pausa—. Gabriel, yo estaba asustada. Era chica, pero podía darme cuenta de qué estaba hablando. Cuando se acercó y me abrazó le dije que a mi papá no iba a gustarle eso. Él sonrió y me dijo que me quedara tranquila, porque mi papá nunca iba a preguntarme nada. Y entonces entendí.

—¿Qué es lo que entendiste?

—Que esto era un arreglo secreto entre ellos —responde entre la indignación y la angustia—, que me entregaron a mí para mantener la comodidad de la familia.

—Entonces no era cierto lo que me dijiste en la primera sesión.

—¿Qué te dije?

—Que tu papá, en un momento, ya no tuvo nada que vender. Por lo visto aún le quedaba algo.

Pausa.

—Sí, yo.

—Ajá. ¿Y qué hiciste?

—¿Y qué iba a hacer? —me mira desconsolada—. Tenía 13 años… Y sí, accedí. Con enojo, con asco. Pero lo cierto es que en esos seis años, Miguel Méndez Agüero se cansó de hacer conmigo lo que quiso. Y yo nunca dije nada.

Se está sintiendo culpable. Tal vez, de algún modo, intente salvar la imagen de sus padres cargando con la responsabilidad de lo sucedido.

—Tal vez nunca dijiste nada, porque sabías que nadie iba a escucharte. En cambio ahora, aquí, fíjate cómo pudiste hablar.

Asiente.

—Pero hay algo que no entiendo —dice.

—¿Qué?

—Todo ese tiempo, cuando estaba con él, solo pensaba en irme, en que todo eso se terminara para siempre. Por eso, en cuanto pude, me fui del pueblo; pero ¿para qué? Para hacer lo mismo; para seguir siendo una puta.

Isabel está llegando a un momento crucial en la comprensión de lo que le ocurre y debo acompañarla a llegar hasta el final.

—Isabel, tú no tuviste elección. No hiciste más que cumplir con un mandato, una orden que hay en tu inconsciente y que te dice que esta es la única manera de enfrentar las cosas. —Hago una pausa para que asimile lo que le estoy señalando—. Recuerdo que en una sesión me dijiste que los Méndez Agüero se habían quedado con todo. Y era cierto. Se quedaron con todo. Incluso contigo. Pero ¿tú quieres seguir con esto?

—Te juro que no —me responde con un llanto entrecortado.

—Bueno, entonces vas a tener que encontrar otro modo de enfrentar las complicaciones de la vida, porque si no, aunque estés lejos de ellos, siempre van a ser tus dueños. Hasta ahora todo lo solucionaste entregando tu cuerpo. Era horrible, pero era un modo conocido y seguro aunque, a veces, lo seguro sea terrible. Pero, si quieres salir de ese lugar, tendrás que buscar una manera diferente, nueva, de resolver las cosas. Una manera que no tenga un costo tan alto para ti.

Asiente.

—¿Me vas a ayudar?

Sonrío.

—Siempre que tú quieras.

Me pongo de pie dando por terminada la sesión y ella hace lo mismo. Pero antes de llegar a la puerta me detengo y tomo la máscara de la biblioteca.

—Parece ser que te gusta —le dije—. La traje de un viaje a Venecia. Si no lo tomas a mal, me gustaría regalártela.

Reacciona con asombro y sonríe.

—¿En serio?

—Sí, claro.

La toma con gesto inocente. Es cierto, está vestida de prostituta, pero no es más que una adolescente asustada e injustamente abandonada a su suerte.

—Gracias. Qué lindo. Pero ¿qué hago con ella?

Levanto los hombros.

—Por lo pronto, ya no tienes por qué ponerte más disfraces, así que, puedes colgarla en alguna de las paredes de tu casa, ¿no te parece?

Quiere sonreír, pero la emoción le arranca un llanto que se esfuerza en controlar. Se para justo frente a mí y abre sus brazos, apenas.

—¿Puedo? —la miro sin responder—. Es solo para saber qué se siente que un hombre me abrace porque me cuida, y no porque me quiere coger —dice algo avergonzada.

No es lo más común que un analista abrace a un paciente. Tampoco es lo más recomendable. Pero cada situación es única y no hay recetas aplicables en todas y cada una de las circunstancias. Isabel necesita sentir el abrazo de alguien en quien confía, de alguien que pueda hacerlo sin pedirle a cambio su entrega sexual.

Creo que tiene derecho, por eso, asiento. Me abraza con fuerza y se queda un minuto casi sin moverse. Cada tanto deja escapar un suspiro relajado. Nada más.

Nos separamos y sale a la calle. Seguramente de un modo distinto al que entró. Tendrá que enfrentar el hecho de dejar de obedecer un camino que otros eligieron para ella y construir su propio destino.

Sin darme cuenta, mi mirada se posa en el objeto que ha olvidado sobre la mesa: el vibrador. Todo olvido tiene un sentido. ¿Cuál será en este caso? No puedo saberlo hasta que la propia Isabel no hable de eso. Pero presiento que es una buena señal. Que quizás sea su manera de decirme que ya no va a necesitarlo más y sonrío al comprobar, como cada día, los caminos que toma el inconsciente para hacerse escuchar.

SIN LUGAR EN EL MUNDO

(LA HISTORIA DE ANDREA)

¿Qué soledad es más solitaria que la desconfianza?

MARY ANNE EVANS

Eran las ocho de la noche de un día muy especial. Había sido invitado por una prestigiosa cátedra de la Universidad de Buenos Aires a dar una clase abierta acerca de «La experiencia analítica» y, si bien estoy acostumbrado a hablar en público, el marco académico representa para mí un espacio diferente.

El amor es, antes que nada, un acto de reconocimiento. ¿Qué otra cosa nos emociona más que la persona amada nos mire y, con esa mirada, nos haga sentir que somos distintos a los demás; o cuando un amigo, al vernos llegar, sonríe y se pone de pie para darnos un abrazo? Ser amado es ser reconocido, y esto es importante en cualquiera de sus formas: la pareja, la familia, la amistad o el ámbito profesional. Por eso, recibir el reconocimiento que significaba ser convocado por la facultad en la que me formé me resultó tan importante.

Al finalizar me retiré del aula mayor, recorrí el vestíbulo donde había un puesto de libros y el barcito del centro de estudiantes con su inolvidable café quemado, salí a la avenida

Independencia y decidí prolongar el momento tomando algo en la cafetería de al lado, como cuando era estudiante. Elegí la mesa en la que repasé antes de hacer el final de Psicopatología, y a los pocos segundos se me acercó una mujer. Debía tener unos 35 años, era atractiva, delgada y de mirada intensa. Respiraba de modo agitado.

—Uff —suspiró—. Disculpe, licenciado, pero salí corriendo del aula para encontrarlo. En un momento pensé que lo había perdido, pero por suerte lo vi entrar aquí.

Le devolví una sonrisa sin decir nada. Ella señaló la silla que estaba a mi lado pidiendo autorización para sentarse. Dudé un instante, pero accedí.

—Perdón que lo moleste. Seguramente quería estar un rato a solas, de todos modos seré breve. Me llamo Andrea.

Era claro que estaba nerviosa. En cambio yo, después de una experiencia como la que había vivido, me encontraba feliz y relajado.

—Encantado. ¿Te gustó la charla? —le pregunté.

—Sí, por supuesto. Al menos lo poco que pude entender.

La miré con asombro. Suelo esforzarme mucho en hacerme comprender en mis exposiciones y me preocupó su comentario.

—¿Acaso no fui claro?

—Seguramente sí, no se preocupe. Mi falta de entendimiento tiene que ver conmigo y no con usted. Ocurre que no entiendo mucho de Psicoanálisis.

Fruncí el ceño sorprendido.

—¿Ah, no?

—No, soy contadora.

—¿Y qué hacías en la clase, entonces? Tenía entendido que la convocatoria era solo para alumnos que estuvieran cursando la carrera.

Sonrió con picardía.

—Sí, ya lo sé. Pero lo sigo en Facebook, leí acerca de su conferencia y se me ocurrió que era un buen lugar para contactarlo.

Si bien todo en ella era de una enorme corrección, llegado a ese punto sentí una cierta incomodidad.

—¿Y puedo saber por qué querías conocerme?

Se encogió de hombros.

—Nada demasiado original, supongo: me gustaría analizarme con usted.

Asentí.

—Te cuento. Yo no estoy tomando nuevos pacientes, mis actividades no me permiten más que cumplir con los que tengo desde hace bastante tiempo. Pero, si te parece, podría recomendarte a alguien de mi confianza. Al menos para que tengas una entrevista y veas cómo te sientes.

Noté un gesto de contrariedad, y algo en sus ojos me hizo intuir un dolor que parecía venir de lejos. No es raro que esto me ocurra, es más: estoy acostumbrado a este tipo de sensaciones. Quizás tantos años de práctica clínica han agudizado mi percepción frente a la angustia.

—Está bien, pero no, le agradezco. —Se puso de pie para retirarse—. De todos modos ha sido muy amable.

No sé qué me llevó a reaccionar de esa manera, pero la detuve.

—Espera, siéntate.

—No hace falta, de verdad. No es mi intención incomodarlo.

—Al contrario —respondí mientras pensaba qué decirle—. Me parece que es probable que estés necesitando un análisis y…

—Sí, pero deseaba que fuera con usted.

—Andrea, no siempre vas a conseguir lo que desees. Todo no se puede, y lo vas a tener que aceptar.

«¿Qué hice?», me pregunté al instante. Inconscientemente le devolví una intervención analítica, allí, en una cafetería y habiendo rechazado la posibilidad de atenderla. ¿Por qué? No tuve tiempo de razonarlo, pues luego de una breve pausa murmuró.

—Dígamelo a mí.

Nuevamente la angustia recorría su mirada, aunque esta vez también se reflejó en su voz. Me di cuenta de que estaba muy «transferenciada» conmigo, esa situación en la que una persona desarrolla una confianza extrema por alguien y cree que solo allí encontrará lo que necesita, y sentí que debía darle una mano. Aunque más no fuera escucharla y ver si existía la opción de trasladar esa creencia hacia algún otro profesional.

—Por favor —le ofrecí mi bolígrafo—, anótame en una servilleta tu número de teléfono. Como te dije, no creo poder hacerme cargo de tu caso, pero te prometo que te llamo y arreglamos un horario para que vengas al consultorio. Me gustaría que tuviéramos al menos una charla y me contaras un poco qué te está pasando a ver si puedo ayudarte de alguna forma.

Me sonrió con un dejo de desilusión, escribió a desgano en el papel y lo dejó sobre la mesa junto con el bolígrafo.

—Aquí está —dijo y me clavó la mirada—. Igual, sé que no me vas a llamar.

El cambio repentino al tuteo me dejó pensando en tanto la veía retirarse del lugar. ¿Qué querría significar? Era probable que, al negarme a atenderla, hubiera dejado de ser para ella su posible analista y me haya visto simplemente como un hombre más, un semejante. Si así fuera, quedaba claro que mi actitud había afectado su transferencia conmigo.

Al rato me fui a mi casa dándole vueltas al asunto. Podía tirar el papel y olvidarme del tema, después de todo no tenía obligación de acceder a su pedido. Sin embargo, lo guardé en el bolsillo del saco y a la mañana siguiente la llamé.

***

Andrea pareció asombrarse al escuchar mi voz. Nos saludamos y convinimos un turno para vernos dos días más tarde. Llegó puntual a la cita, la hice pasar y se sentó en el sillón frente a mí. Era extremadamente delgada y, si bien su rostro no era perfecto, tenía un exótico encanto. Me di cuenta de que al entrar observó todo: la biblioteca, el escritorio, el diván. Como si tuviera la necesidad de tener las cosas bajo control.

Nos miramos unos segundos.

—Bueno, cuéntame algo. —Elegí una consigna abierta para que pudiera comenzar por donde quisiera.

—Es raro.

—¿Qué cosa?

—Estar aquí.

—¿Por qué?

—Porque muchas veces, al leer tus libros, trataba de imaginar cómo sería tu consultorio.

—Y ¿qué te parece?

—Es más amplio de lo que pensaba. Me gusta.

—¿Qué te gusta?

—Los colores clásicos, el ambiente minimalista —pausa— me sorprende que tengas un piano, aunque reconozco que me agrada. De chica soñaba con tener uno. Te juro que no era un capricho de niña, de verdad lo deseaba. Me cansé de pedírselo a mis padres, hasta que un día llegué a casa, ellos me llevaron al salón de juegos y me dieron la sorpresa. Aquí lo tienes —dijo mi papá—. Es todo tuyo.

—Qué bueno que hayan escuchado tu deseo.

—Sí, pero era una mentira que no duró mucho; como casi todo en mi vida.

No moví ni un músculo, pero había escuchado la potencia de esa frase y no sabía qué hacer. Nuestras intervenciones movilizan muchos afectos y suelen producir reacciones impensadas. Por eso, como analista, jamás hago nada si no estoy dispuesto a contener lo que pudiera generar y, como en teoría no iba a hacerme cargo de ese tratamiento, elegí callar. Andrea no percibió mi lucha interior y continuó su relato.

—Empecé a tomar clases de inmediato con mucho entusiasmo; me encantaba. Pero una tarde, al volver de la escuela, vi que mi piano ya no estaba. Te juro que no podía creerlo, me sentí tan mal…

—Pero ¿qué había pasado?

—Nada muy distinto a lo que pasaba siempre, el capricho de mis papás. —Piensa—. Mis padres nos amaban, pero para ellos lo que nosotros queríamos no tenía ninguna importancia.

—Nosotros, ¿quiénes?

—Mis hermanos y yo.

—Ah, tienes hermanos.

—Sí. Claudio y David.

—Háblame de ellos.

—Claudio es mi mejor amigo, mi confidente. Le llevo casi tres años y siempre fuimos muy compañeros, jamás tuvimos secretos el uno con el otro. Es arquitecto y le va muy bien. Está casado, pero tampoco tiene hijos.

—¿Tampoco?

Asiente.

—Ninguno de los tres pudimos.

—¿Y a ti te gustaría ser madre?

Se le ilumina la mirada.

—Obvio; ese es otro de los sueños que no logré concretar.

—Bueno, pero aún eres muy joven.

Sonríe.

—No, Gabriel, no te dejes engañar por las apariencias. ¿Qué edad piensas que tengo? —pregunta divertida.

Es la primera vez que la siento relajada, por eso decido seguirle la corriente.

—¿Treinta y cinco?

—¿Ves por qué quería analizarme contigo? En diez minutos ya me convertiste en una mujer feliz. —Me río—. No, tengo cuarenta y tres.

Todo en ella es tan juvenil, su imagen, su forma de vestir, incluso sus movimientos, que reconozco que me asombré al escucharla. Pero supongo que está acostumbrada a generar esa sorpresa, e intuyo la ambivalencia que la habitaba: por un lado, ese ser cuya mirada denotaba un gran sufrimiento, y por el otro, la mujer que se sabía atractiva y capaz de manejar al resto con la potencia de su seducción. Por eso decido salirme del juego.

— Entonces, Claudio tiene cuarenta. ¿Y David?

—David 36, y no solo es el más chico sino el que más diferencias tiene con el resto de la familia.

—Cuéntame.

—Mira, él siempre tuvo una relación muy difícil con mi madre, y se encargó de hacerla sufrir todo lo que pudo. Claro que también se hizo mucho daño en ese intento. —Hace una pausa—. Es músico… bah, es una manera de decir.

—No entiendo, ¿es músico o no?

—Digamos que toca la guitarra, canta y siempre anduvo dando vueltas por los bares, ilusionado con que un día lo descubriera algún productor y lo llevara al estrellato. Cosa que, por supuesto, no ocurrió nunca. —Me mira—. Tú conoces bien el ambiente, ¿no? —No respondo—. Viste que en la noche hay de todo; y bueno, David se llevó todo eso por delante; alcohol, drogas, putas. Claudio y yo intentamos ayudarlo, pero un día decidió irse a vivir a Barcelona, y allí está ahora. Canta en La Rambla, la gente le deja unos euros y supongo que con eso vive.

—Lo supones. ¿Eso quiere decir que no tienen contacto?

—Sí, hablamos todas las semanas, pero no es fácil. En cuanto quieres darle una opinión o cuestionas algo de lo que hace, te corta el teléfono y no te atiende hasta que se le pasa. —Aprieta los labios y mueve la cabeza—. Así y todo lo quiero mucho, y lo entiendo.

—¿Qué entiendes?

—Que no haya podido con mis papás. No fue fácil.

Nuevamente dudo, y siento que es momento de tomar una decisión, porque si habilito mi escucha y la dejo avanzar más, va a ser imposible canalizarla a otra persona. En un último intento por ganar tiempo desvío la conversación una vez más.

—¿Y tú estás casada?

El cambio de rumbo la sorprende y se toma unos segundos antes de responder.

—Sí. Y ese es el tema por el que quería verte. No sé qué hacer con eso.

Andrea no me da el tiempo que quise obtener, porque su última frase es la puerta de entrada a un camino sin retorno: o la atravieso o me quedo fuera. Entonces suspiro, me recuesto en mi sillón y hago la pregunta que da inicio a nuestro análisis.

—¿Y tú qué quieres hacer?

***

Las primeras sesiones las dedicó exclusivamente a hablar de sus historias de amor. Por lo general, los pacientes se apresuran a abordar el tema actual que es causa de su angustia. Ella, en cambio, se tomó su tiempo, como si no tuviera prisa alguna en resolverlo, aunque intuí que lo hacía porque aún no podía responder a mi pregunta, que todavía no sabía qué deseaba hacer con su matrimonio.

—Yo fui virgen hasta los 20 años, aunque en realidad era una virginidad a medias.

—A ver, ¿cómo es eso?

—Es que a los 16 me enamoré de Ezequiel, un chico mucho más grande que yo. Me llevaba nueve años. A esa edad era muchísimo y complicaba las cosas.

—¿Por qué?

—Porque él también estaba muerto conmigo, pero imagínate que prefería tener una relación con alguien con quien pudiera vivir su sexualidad de un modo mucho más completo.

—¿Qué tenía de incompleta tu sexualidad?

—Es que yo consideraba que era muy chica para iniciarme, entonces nuestros encuentros empezaron de un modo más bien tierno. Imagino que para él yo era una niña, y a lo mejor por eso era tan paciente. «Yo te voy a esperar siempre. Tú vas a ser mi mujer, y yo tu primer y último hombre», me dijo un día mientras íbamos en el auto, y al escucharlo decidí que iba a debutar con él. Después de todo se lo había ganado.

—¿Por qué?

—Pues… por esa paciencia que me tuvo. Él andaba con mujeres de su edad, tenía sus historias, pero cada vez que yo aparecía se volvía loco y salía corriendo. Durante cuatro años tuvimos ese tipo de encuentros ocasionales.

—¿Y qué pasaba en esos encuentros?

Me mira fijo.

—De todo. Todo lo que te puedas imaginar, pero sin penetración. —Asiento—. La cuestión es que cuando llegué a los veinte años decidí que ya era mi momento. Entonces lo llamé, fui a su departamento y allí tuve mi primera experiencia sexual.

—Eso no es cierto —la interrumpo—. Andrea, la sexualidad es mucho más amplia que el mero acto de la penetración, y tú con Ezequiel venías experimentando desde hacía mucho tiempo.

—Sí, puede ser, pero a esa altura ya tenía ganas de entregarme por completo a un hombre, y tenía que ser con él.

—Porque se lo merecía, digo, por su paciencia.

Sonríe.

—No solo por eso, no soy tan buena ni agradecida como aparento. Sucede que además era hermoso. Recuerdo que todos esos años en los que no concretamos, cuando pasábamos la noche juntos, lo miraba mientras dormía y no lo podía creer. Era tan lindo que a veces levantaba la sábana solo para verlo desnudo. Te juro que era una escultura griega, un modelo, y yo no me merecía menos que eso porque también era una bomba.

No digo nada, ni hago gesto alguno ante su comentario.

—Fue una experiencia increíble. Lo esperaba desde hacía tanto tiempo que temía desilusionarme cuando llegara el momento.

—Pero no fue así.

—No, para nada. Fue un encuentro hermoso. Lo dejé hacer y por fin me animé a ser su puta… espero que no te moleste que lo diga así.

—No, puedes decirlo como quieras.

—Mejor, entonces. Como te conté, nosotros veníamos experimentando todo pero sin llegar a concretar, y seguramente él pensó que ese día sería igual, más de lo mismo.

—Pero esa vez fue distinta.

—Sí. Estábamos en la cama desnudos, acariciándonos y de pronto lo miré a los ojos y le dije que había llegado la hora de ser su mujer. «Aquí estoy, soy tuya. Hazme lo que quieras». Él asintió y se tomó todo el tiempo del mundo. Bajó por mi cuerpo nuevamente y me besó hasta que yo no aguanté más y le pedí que por favor me penetrara, que necesitaba saber cómo era tenerlo dentro mío. Y lo hizo. Lo sentí entrar en mi cuerpo de a poco, durante unos pocos segundos que, sin embargo, parecieron eternos. Cada lugar que rozaba con su pene estimulaba una zona que yo desconocía y me brindaba un placer superior al que había imaginado. Yo estaba relajada, feliz, y no me dolió nada; por el contrario, ¡lo disfruté tanto! Miraba sus labios gruesos, sentía su aliento en la cara, comencé a acariciar su espalda, su cintura, su trasero perfecto mientras él se movía muy lento. Hasta que en un momento percibí que yo también me movía. Aunque en realidad no era yo, era mi cuerpo que ya no me hacía caso. Y en ese instante sentí cómo un fuego me subía por la sangre. Lo apreté fuerte, le clavé las uñas, lo mordí y me escuché gritar en un orgasmo doloroso e interminable. Entonces supe que no me equivoqué cuando cuatro años atrás tomé la decisión de que él fuera mi primer hombre.

—¿Y en qué sí te equivocaste?

Me mira sorprendida. Como si le asombrara que yo no hubiera quedado cautivado por su relato erótico. Se pone seria y su expresión se vuelve triste.

—En que pensé que ese sería el comienzo de mi gran historia de amor. Ezequiel estaba en pareja, es cierto, y yo lo sabía. Pero siempre pensé que era nada más que una distracción en su vida, una manera de ocupar el tiempo hasta que yo estuviera preparada.

—Pero no fue así.

Negó con la cabeza.

—Estuvimos juntos algunas veces más, hasta que le pregunté cuándo iba a dejar a su novia y me respondió que no pensaba hacerlo, que lo nuestro era eso que teníamos: una suma de encuentros gloriosos, pero casuales.

—¿Y tú qué dijiste?

—Que estaba todo bien, que lo entendía. Jamás me gustó hacer el ridículo ante nadie. Así que sonreí, comencé a besarlo, disfruté de cada centímetro de su cuerpo, y me despedí íntimamente haciéndole el amor por última vez. Unos meses después me enteré de que se casaba.

No digo nada. Me levanto y doy por terminada la sesión.

Me resultaba claro que Andrea se había inventado un mundo que la realidad destruyó de un plumazo, y me pregunté cuántos mundos imaginarios más habría creado en su mente. Pregunta que debería aguardar bastante tiempo antes de ser respondida.

***

Según contó en sesiones posteriores, después de eso su vida romántica no fue demasiado interesante hasta la llegada de Mauricio, su esposo. Tan solo unos meses con Ronie, un excompañero de la secundaria, «apenas una asignatura pendiente», como la denominó, y cinco años de aburrimiento junto a Willy, un amigo de su hermano Claudio, un bohemio sin futuro con el cual se enredó.

—Con decirte que lo más placentero de dormir con él eran las medialunas de manteca que daban a la hora del desayuno en ese hotel de mala muerte que pagábamos entre los dos.

—¿Tan mal sexo tenían?

—Ojalá. Peor, ni siquiera teníamos sexo…

—¿Y por qué sostuviste tanto tiempo esa relación?

Me observa y deja escapar una mueca extraña.

—Creo que para molestar a mis padres. No sabes, cuando se los presenté no lo podían creer. Lo detestaron desde el primer día. Imagínate, yo era su princesita y en vez de traerles a un rey, les caí con un plebeyo que andaba con la guitarrita al hombro de un lado para el otro.

—¿Y por qué querías molestarlos?

—Porque se lo merecían. —Se puso seria y sus ojos se llenaron de lágrimas—. Alguna vez me tocaba a mí desilusionarlos, ¿o no?

—No lo sé, cuéntame. ¿Con qué cosas te desilusionaron tanto como para ganarse semejante revancha de tu parte?

Silencio. De golpe se angustia y puedo sentir cómo ese afecto inunda el consultorio. Permanece en silencio un rato y, cuando retoma la palabra, todo en ella es diferente. Cambia su tono de su voz, su postura e incluso coloca las manos entre sus piernas interrumpiendo sus movimientos habituales y un poco ampulosos.

—¿Sabes? Yo no soy hija de mi papá.

—¿Podrías ser un poco más clara con eso?

—Es una historia antigua. No sé si tiene importancia.

Andrea ignora que los momentos de nuestra primera infancia son, justamente, los que marcan nuestro destino.

—De todos modos me gustaría escucharla.

Toma un pañuelo de su cartera y lo aprieta con fuerza.

—Mi madre tenía apenas dieciocho años cuando conoció a Ernesto, mi padre biológico. Ella estudiaba Medicina en la facultad y él era un joven empresario. Fue un amor a primera vista que se llevó todo puesto, hasta que un día le comunicaron a mi abuelo la decisión de casarse. Si bien habían pasado solo unos meses, Ernesto debía viajar a Colombia por cuestiones de trabajo, no querían separarse y en aquella época la única alternativa era el matrimonio. Mamá estaba decidida a abandonar todo con tal de seguirlo y no escuchaba a nadie, así que insistió tanto que convenció a su padre para que le firmara la autorización y se casaron. Él vendió la fábrica que tenía en Argentina y se instalaron en Bogotá. Ahí nací yo.

—Nunca me dijiste que eras colombiana.

—Es que no lo soy, o al menos no me siento así, por más que mi pasaporte diga lo contrario. Casi no tengo recuerdos de esa etapa, por suerte.

—¿Por qué por suerte?

—Porque fue un horror. Ernesto era un hombre patético, un aventurero, y cuando yo tenía diez meses le dijo a mi mamá que iba a vender las acciones de la nueva empresa porque le salió un negocio mejor en los Estados Unidos. Ella tuvo miedo, pero se dejó convencer una vez más. Mi padre le prometió que serían unas pocas semanas, como mucho un par de meses hasta que se instalara y nos llevara con él. Y se fue.

Silencio.

—Dime qué estás pensando en este instante.

—En la única imagen que guardo de ese momento, aunque seguramente es una construcción mía porque era demasiado chica como para acordarme de algo.

Como analista sé que poco importa si la escena había ocurrido o no. Cuando algo se instala con fuerza en la psiquis, esa imagen, aunque sea irreal, tiene para el sujeto valor de verdad.

Hay una diferencia enorme entre el pasado y la historia. El pasado es esa suma de hechos que ocurrieron en un momento determinado; la historia, en cambio, es la apropiación que una persona hace de esos hechos, cuáles prioriza, cuáles olvida, cómo los interpreta, e incluso con qué fantasías rellena los huecos para armar ese cuento personal que llamará su vida.

—Háblame acerca de esa imagen.

—Estábamos despidiendo a Ernesto en el aeropuerto de Bogotá y mamá lloraba. Él le dio un abrazo fuerte, después me alzó, me besó y nos prometió que en unos días volveríamos a estar juntos. —Pausa—. Esa fue la última vez que lo vi.

—¿Qué pasa?

—Fue horrible. A los cuatro meses se nos había acabado el dinero y, como no daba señales de vida, mi madre tuvo que llamar a su familia para contarles lo sucedido y pedirles ayuda. Pobrecita, debe haber sentido tanta vergüenza. Por suerte mi abuelo era un gran hombre y al instante le mandó el dinero para comprar los pasajes que nos trajeron de vuelta a Argentina. Nos instalamos en su casa y allí me quedé hasta que apareció Joaquín.

—¿Quién es Joaquín?

—Mi papá. Un muchacho del barrio que siempre había estado enamorado de mamá. Cuando volvimos empezó a frecuentarla, se hicieron novios y enseguida nos fuimos a vivir con él. Yo tenía poco menos de dos años y recuerdo que me aferraba a la falda de mi abuela porque no quería que me sacaran de su casa.

—¿Por qué?

—Porque estaba aterrada. Yo era una niña y otra vez me estaban cambiando de lugar, de padre, de todo. Fue una etapa muy difícil y sufrí mucho. Me acuerdo de que durante un largo tiempo me despertaba con pesadillas todas las madrugadas, hasta que nació Claudio.

—¿Qué pasó cuando nació tu hermano?

—Todo cambió para mí: él fue mi familia. Compartíamos el cuarto y aunque yo tenía apenas tres años, lo cuidaba como si fuera mi hijo. Me despertaba para darle el biberón, para taparlo… —Piensa—. Creo que fue en ese momento cuando sentí que tenía un hogar.

A pesar de que lo que está contando es muy fuerte, decido continuar un poco más.

—¿Y Joaquín?

Sonríe.

—¿Y qué te puedo decir? Es un desastre, pero es mi papá y lo adoro, aunque a veces tengo ganas de matarlo. —Hace una pausa—. Se ve que mi mamá nunca fue buena para elegir hombres. Ernesto era un hijo de puta y Joaquín…

—¿Qué pasa con él?

—Que es el tipo más bueno del mundo, pero solo piensa en él, todo gira en torno a sus planes, sus caprichos. Ojo, nos ama con toda su alma, es más, sería capaz de matar por nosotros.

—Puede ser, pero matar por alguien no es lo mismo que respetar sus deseos y ayudarlo a construir su propia vida, ¿no?

Asiente y me mira de un modo distinto; como si me agradeciera la posibilidad de hablar de estas cosas.

—¿En qué estás pensando? —le pregunté.

—En que creo que ahora sí llegó el momento de hablar de Mauricio.

—Como quieras. —Me puse de pie—. De todos modos, tu marido deberá esperar hasta la próxima sesión.

Caminé hasta la puerta y la despedí con un beso.

***

Andrea conoció a Mauricio en la quinta de unos amigos en común. Ella tenía 28 años y estaba sola. Él, en cambio, había ido con su novia.

—En cuanto entré, me clavó la mirada y no me la quitó de encima en toda la tarde.

—Y a ti, ¿qué te pasó?

—La verdad es que él me gustó mucho. Es un hombre muy buen mozo, sin embargo no soy una robanovios. Por el contrario, aborrezco a esas mujeres que coquetean con el hombre de otra. De todos modos, él se las ingenió para que charláramos a solas en un par de momentos, pero yo me sentía incómoda. Pobre mujer, imagínate en qué lugar horrible la estaba dejando delante de todo el mundo. La gente no es idiota y se daba cuenta. O mejor dicho: sí, la gente es idiota e hija de puta, por eso mismo disfruta de esas situaciones de mierda.

—¿Y tú no la estabas disfrutando?

—Para nada. Detesto la infidelidad.

—Aborrecer, detestar, son palabras muy fuertes. ¿Me equivoco si pienso que se trata de un tema muy sensible para ti?

Silencio.

—No, no te equivocas.

Lo dice con pesar.

—¿Me quieres contar?

Asiente y, sin embargo, se queda unos segundos en silencio.

—Joaquín.

—¿Qué pasa con él?

—Te dije que lo adoro.

—¿Pero?

—Pero siempre engañó a mi mamá. Aunque ahora que lo pienso, mi mamá nunca tuvo un tipo que la respetara. La mimaban, la querían, morían por su belleza, pero nunca supo lo que es sentirse segura al lado de un hombre. Bueno, tampoco tuvo tantos. Solo dos, y los dos la engañaron.

Andrea está enojada y desborda de angustia, pero ha proyectado esas emociones a la figura de su madre, y yo necesito que hable de ella.

—Está bien, pero esa es tu mamá. Ahora dime, ¿qué te pasa a ti con este tema?

Duda.

—Me molesta. —Se resiste.

—¿Te molesta? Me parece que, en realidad, te duele. Y es entendible, después de todo también sufriste por eso desde el comienzo de tu vida afectiva. —Me interroga con la mirada—. Sí, Ezequiel te fue infiel.

—Eso es mentira, él nunca me engañó. Siempre supe que tenía otras relaciones.

—Sí, es cierto. Lo sabías conscientemente, pero en tu inconsciente él era tuyo. Según me dijiste, tú creías que todas sus historias no eran más que distracciones que le servían para esperar que estuvieras lista para ser su mujer. Sin embargo, cuando te decidiste, él te dio la espalda y te rechazó para quedarse con esa novia que para ti era nada más que un pasatiempo y en cambio, para él fue un amor.

Siente el impacto. A esta altura del tratamiento la conozco lo suficiente como para saber que es muy orgullosa y no soporta quedar mal.

—Bueno, se ve que no estaría tan enamorado, porque un año después de casarse me volvió a llamar.

—Sí, para acostarse contigo, para que fueras su amante, no su mujer. Andrea, tú dijiste que en un momento sentiste que estabas preparada para ser su puta, y era verdad. Pero no es lo mismo ser la puta de un hombre que ser su esposa.

Me mira molesta.

—Te estás yendo al carajo.

—¿Te parece? A mí no. Por el contrario, creo que estamos entrando en una cuestión trascendental en tu vida.

Intenta recomponerse.

—Bueno, está bien. Supongamos que esa manera tan particular con que analizas mi relación con Ezequiel fuera cierta, ¿qué pasa con Willy? Porque él jamás estuvo con otra mujer.

—Es cierto, no menos cierto que el hecho de que tú nunca fuiste una prioridad en su vida. Willy te engañó con su sueño, y siempre fuiste la que estaba en segundo lugar, la otra de la música. De hecho, aunque te describiste como una bomba, parece que no lo calentabas mucho, porque según me contaste, no se interesaba demasiado en tener sexo contigo. Entonces me pregunto, ¿cuánto lo movilizabas en realidad? —Es un momento tenso y decido jugar una carta complicada—. Andrea, no niego que eres una mujer hermosa, no obstante, hasta la llegada de Mauricio, nadie se arriesgó por ti. Ni Ernesto, ni Joaquín, ni Willy… nadie. Ahora, por la forma en que te sigue afectando el tema, ¿me parece a mí o tampoco tu marido lo hizo?

Me mira con los ojos encendidos.

—Me quiero ir —dice y se pone de pie.

Intento pensar rápidamente cuál es la respuesta adecuada. Está furiosa, pero confío en el Psicoanálisis, y eso implica que debo suponer que ese enojo no es conmigo, por eso intento un gesto de comprensión y suavizo mi tono.

—Está bien, vete si quieres. Pero te aseguro que no sirve de nada que te escapes de mí, porque todo eso que te está doliendo te lo llevas contigo donde quiera que vayas. —Pausa—. Andrea, no te engañes, tu conflicto no es conmigo. Yo estoy aquí y jamás te traicioné. Pero ¿qué pasa con el resto? Porque no es casualidad que quieras huir justo ahora que, como dijiste, «llegó el momento de hablar de Mauricio», ¿no? Y debes saber que hasta que no lo hagas va a ser muy difícil que te ayude a aclarar el tema que te trajo a análisis: qué quieres hacer con tu matrimonio.

Me levanto y camino hacia a la salida. Ella me sigue en silencio. Me acerco para despedirla como siempre, con un beso. Me mira y cede. Puede estar muy enojada, pero aun así no se permite dejar de ser correcta. Y sospecho que en esa corrección radica gran parte de su dolor.

***

A nuestro siguiente encuentro vino decidida a hablar de la relación con su esposo.

—Como te dije, lo conocí en casa de unos amigos, pero ni siquiera le di mi teléfono porque él estaba con alguien. Unos meses después me lo crucé en una tienda y me invitó a tomar un café. Me contó que terminó con esa chica y que desde nuestro encuentro no hacía más que pensar en mí. Yo seguía sola y él realmente me atraía. Era tan lindo, con esos ojos celestes que, reconozco, yo tampoco pude olvidar. Charlamos un rato largo hasta que se hizo tarde, me invitó a cenar, y así empezó nuestra historia. A los pocos meses decidimos irnos a vivir juntos a su casa, después sacamos un crédito para comprar un departamento y nos casamos. No lo podía creer.

—¿Qué cosa?

—Que por fin tenía un hogar, un lugar del que no me iba a sacar nadie. Y te juro que fui muy feliz a su lado, pero el inconveniente surgió cuando decidimos tener un hijo. Mauricio tenía problemas y yo también, así que fuimos a consultar al doctor Méndez, una eminencia en el tema, y aconsejó un tratamiento con el que nos aseguró que íbamos a ser padres.

—Y ustedes ¿hicieron ese tratamiento?

—Por supuesto, pero el primer intento no dio resultado. Nos estábamos preparando para hacer el segundo cuando ocurrió algo que lo cambió todo.

—¿Qué?

Unas lágrimas aparecen en su rostro.

—Descubrí que Mauricio me engañaba.

Percibo su angustia, pero es necesario que hable de lo que pasó.

—Continúa, Andrea.

—Yo lo sospechaba desde hacía tiempo. No es que estuviera raro conmigo, pero desde chica aprendí a registrar las señales de la infidelidad.

—¿Desde chica? ¿Por qué?

Suspira y una rabia muy antigua se actualiza en su relato.

—Porque Joaquín toda la vida engañó a mi madre, siempre. Él la adoraba, pero eso no impedía que se revolcara con cualquier mujer cuando encontraba la ocasión. Aún recuerdo a mi mamá llorando por las noches mientras esperaba que él volviera de sus salidas «de negocios». Llegaba borracho, discutían fuerte, y a la mañana siguiente todo retomaba su curso normal. Era como si ella aceptara el precio que debía pagar para estar a su lado.

Silencio.

—¿En qué estás pensando?

—En que en esas noches yo me tapaba la cabeza con la almohada para no escucharlos pelear, odiaba esos gritos, sentía miedo, impotencia y no podía evitar pensar que todo era mi culpa.

—¿Tu culpa? ¿Y tú qué tenías que ver con eso?

—Creía que mi mamá toleraba sus engaños porque él me aceptó como si fuera su hija. Después de todo, yo no era más que una bastarda.

—Eso no es cierto —la interrumpo—. Tú eras la hija de un matrimonio legítimo de tu mamá.

—Sí, con un hombre que se fue y del que nunca más supimos nada. —Pausa—. ¿Sabes qué duro fue para mí ir a la escuela y que todos me preguntaran por qué tenía un apellido diferente al de mis hermanos? No tienes idea de la vergüenza que sentía.

—¿Vergüenza?, ¿por qué? Si tú no hiciste nada malo, no eras la responsable de lo que pasó.

—Pero era mi historia —se quiebra.

Hago un silencio breve antes de acotar.

—Una historia que no pudiste dejar de repetir.

Me mira.

—¿Estás hablando de Mauricio?

—Sí.

—Es cierto. ¿Sabes? Siempre supe que me engañaba, porque no fue solo esa vez; él siempre me engañó. Es un tramposo, como Ernesto, como Joaquín, y yo lo acepté así, me enamoré así y me casé así.

—¿Y qué pasó cuando descubriste su engaño?

—Me enojé mucho, no podía creer que me estuviera pasando lo mismo que a mi madre. Y además me engañó con una conocida, ni siquiera en eso pudo cuidarme.

—No sé por qué te asombra tanto, se ve que está acostumbrado a comportarse de esa forma. Según recuerdo, el día que lo conociste tampoco le importó exponer a su novia delante de todos ¿no?

Se queda un instante pensando en lo que acabo de decirle.

—Tienes razón. Pero imagínate la angustia que sentía al entrar a un restaurante y que todo el mundo me mirara sabiendo que era una cornuda.

Mira hacia el piso.

—Y ahora, ¿cómo está todo?

—Pues… aquí estoy, intentando reponerme y sin saber muy bien qué hacer. Obviamente, dejé de buscar un embarazo.

—¿Por qué? Según me dijiste, ser madre es uno de tus sueños.

—Sí, pero no quiero darle a un hijo la misma historia de traiciones que viví yo.

—Dime, ¿sigues amando a tu esposo?

Levanta los hombros.

—No lo sé, me ha lastimado tanto. Sin embargo, algo me dice que debo defender lo que tengo con él. Porque a pesar de la situación de mierda por la que estoy pasando, este es mi hogar.

—Un hogar en el que no fuiste respetada.

Asiente.

—Y bueno, quizás deba aceptar que ese es mi sino.

—Claro, como lo aceptó tu madre, ¿no?

No dijo nada. La sesión había sido muy dura y sentí que no era el momento de continuar, pero había algo que tenía en claro: era posible que Andrea se estuviera resignando a ese destino, pero yo no estaba dispuesto a permitirle que lo hiciera sin presentar batalla. Había mucho que trabajar todavía, y ella merecía abrirse un camino diferente, aunque no era algo que dependiera solo de mí.

***

Fueron meses arduos y atravesamos momentos muy complicados en los que admitió que era posible que solo el temor a quedarse sola, como cuando su padre las abandonó, fuera lo que la mantenía junto a Mauricio. Hasta que un día vino a plantearme que había resuelto separarse.

—No da para más y tengo que asumirlo, así que le pedí que se fuera, y por eso hace una semana que duerme en el cuarto de al lado.

Me sorprendieron sus palabras.

—No entiendo. Entonces, ¿van a seguir viviendo en la misma casa?

—Sí, pero estamos separados. —Me mira—. ¿Qué tiene de raro? Él no quiere irse y yo tampoco, somos adultos y convinimos que cada uno hará su vida. ¿Te parece mal?

Intenté hacer a un lado lo que pensaba. De todos modos, ese arreglo no me resultaba sano.

—Andrea, lo que a mí me parezca no tiene importancia. Pero ¿tú estás segura de que no te estás engañando?

—¿Qué quieres decir con eso?

—Que este «como si», quizás sea un modo de separarte sin separarte.

—Es el modo en el que puedo hacerlo, y creo que es mejor que no hacer nada.

Se veía convencida y me di cuenta de que lo que le dijera no iba a moverla de ese lugar, razón por la cual preferí callar. Sin embargo, seis meses después ocurrió algo que modificaría las cosas.

Andrea tenía que viajar a Nueva York para hacer una maestría y se puso en contacto con Peter, un amigo de su hermano David que vivía allá y al que no veía desde hacía años. El hombre siempre demostró interés por ella, pero ambos estaban casados y nunca habían concretado nada.

—¿Y por qué lo llamaste después de tanto tiempo? —le pregunté.

—Porque voy a estar sola, él conoce la ciudad y me pareció una buena idea. Vamos a encontrarnos a cenar y listo, ¿cuál es el problema? —No dije nada, pero sin duda mi gesto la molestó—. No te puedo creer. ¿Siempre vas a estar en contra de todo lo que yo decida?

—Jamás dije que estuviera en contra de tu decisión.

—Ni falta que hace, tu cara habla por ti.

—¿Y cuáles son tus expectativas con respecto a ese encuentro?

Se mordió el labio inferior y movió la cabeza en un gesto de fastidio.

—Ninguna. Solo compartir una charla con un amigo para sentirme menos sola. Gabriel, no seas prejuicioso. No siempre que una mujer sale con un hombre lo hace porque está buscando que pase algo más.

—Puede ser —dije por todo comentario.

Dos semanas más tarde, de regreso de su viaje, volvió a sesión. Su mirada estaba encendida y le costaba controlar la risa.

—Mira que eres brujo.

—¿Yo? ¿Por qué?

—Pues porque no sé cómo intuiste que iba a pasar algo con Peter.

—Será que soy muy prejuicioso. —Sonríe—. Pero, dime, ¿qué pasó con Peter?

—Te cuento. Me fue a buscar al aeropuerto, me llevó hasta el hotel, dejé las cosas ahí y fuimos a pasear. Caminamos por Central Park, paseamos por Meatpacking y cenamos en The River Café, un lugar de ensueño a la orilla del Hudson, justo debajo del puente de Brooklyn. —Suspira—. Charlamos, compartimos un vino y nos abrazamos junto al río. No sabes lo bien que la pasé. No lo podía creer. Peter es un hombre distinto.

—¿Distinto a quién?

—A todos los que conocí hasta ahora. —Pausa.

—Sigue, por favor.

—Bueno, como te dije, estuvimos todo el día juntos, y a la noche…

—A la noche, ¿qué?

—Me acompañó hasta mi habitación y tuvimos relaciones. Gabriel, yo no soy de esas mujeres que se acuestan con un hombre el primer día, te lo juro, sin embargo esta vez fue diferente, todo ocurrió de un modo tan mágico… —Me mira como esperando alguna opinión de mi parte—. Me encantó.

—Me imagino. ¿Y a la esposa de Peter también le gustó?

Me mira con furia.

—No puedes ser tan fastidioso.

—Eso no responde mi pregunta.

—Para que lo sepas, su esposa ya no es su esposa.

—¿Ah, no?

—No. Me dijo que están mal y, aunque siguen en la misma casa, hace meses que no duermen juntos y van a separarse.

—Qué tal… Al final resultaron ser almas gemelas. —Andrea reacciona ante mi ironía.

—¿Por qué no te vas a la mierda? —Se levanta, da unos pasos y vuelve a sentarse—. Dime, ¿tanto te cuesta verme bien?

—Te equivocas, me gusta mucho verte bien, solo me parece que no estás considerando los riesgos.

—¿Qué riesgos? Ya te dije que me prometió que se va a divorciar. Es más, me propuso que me mudara a Nueva York ya mismo para que pudiéramos estar juntos. ¿Qué más pruebas de amor te hacen falta? —Silencio—. Obviamente, él se encargaría de todos los gastos. Es un profesional exitoso, no tiene ningún problema de dinero, y yo tengo derecho a vivir por fin una verdadera historia de amor, ¿o no?

—Por supuesto. Después de todo es tu vida y eres tú la que va a tener que hacerse cargo del precio de tus decisiones.

***

Durante casi un año, Andrea fue la princesa de un cuento de hadas. Peter la mimaba, le hacía obsequios caros, pagaba un pasaje en primera y un hotel cinco estrellas cada tres semanas para que ella viajara y pudieran verse, y su anhelo por fin parecía estar a punto de hacerse realidad. Pero ya nos advirtió Freud que el destino de toda ilusión es la desilusión. Tal vez por eso no me asombró que un día llegara a sesión desconsolada. Su carruaje se había vuelto calabaza de la noche a la mañana.

—Es un hijo de puta —me dijo.

—¿De quién hablas?

—De Peter.

—¿Qué pasó con él?

Se cubre el rostro con las manos y desata un llanto profundo y doloroso.

—¡Qué vergüenza, por Dios! ¡No puedo ni mirarte a los ojos!

—¿Qué te avergüenza tanto?

—Ser tan estúpida, haber creído una vez más.

Espero unos segundos.

—Cuéntame.

—Me mintió, Gabriel, me mintió todos estos meses. Yo que estaba preparando mis cosas para irme a vivir a Estados Unidos, ya hablé con mi familia, arreglé todo en el trabajo, y él…

—¿Él qué?

—Va a ser padre otra vez. Acabo de enterarme de que su mujer está embarazada.

La frase le dolió en el cuerpo. Hacía años que acompañaba a Andrea y sabía lo que esto significaba para ella: un nuevo desengaño, una nueva traición.

—Soy una estúpida; una estúpida igual que mi mamá. O peor, porque a pesar de todo, al menos ella tiene un marido que la ama. En cambio yo no tengo nada.

—Eso no es cierto.

—Sí, es cierto —me interrumpe—. Soy una idiota que creyó en Ezequiel, en Willy, en Mauricio y ahora en Peter. Me creí la *femme fatale* y al final no soy más que una pobre mujer a la que nadie toma en serio. —Está desbordada y no puede parar—. Dime, ¿en qué momento se me pudo ocurrir que un millonario del primer mundo iba a tirar toda su vida a la mierda nada más que para estar conmigo? Debí estar loca para creerme esa mentira. —Me mira—. Y tú me dejaste creerla.

En un giro inesperado ha proyectado su enojo sobre mí, y es necesario que me mueva de ese lugar. Intento que mi voz suene tranquila y relajada.

—Eso tampoco es cierto.

—¿Cómo que no?

—Andrea, muchas veces te señalé que quizás deberías ir más lento, que estabas decidiendo de manera impulsiva, que después de todo no era más que un hombre al que habías visto diez o quince veces en tu vida, y tú no quisiste escuchar. ¿Qué pretendías, que te robara el pasaporte para que no pudieras salir de Ezeiza?

Se hace una pausa prolongada.

—Tienes razón. Pero, entonces, ¿por qué no pude escuchar nada de lo que me dijiste?

Le sonrío y tomo una decisión. Hasta ese momento había sostenido las sesiones cara a cara y me pareció prudente darle un giro al análisis.

—Es una muy buena pregunta. ¿Qué te parece si te acuestas en el diván y hablas acerca de eso?

—¿Ahora?

—Sí, ahora.

Inhaló profundamente, se puso de pie, caminó hasta el diván y se desplomó en un ataque de llanto.

***

Fue una etapa muy productiva para nuestro análisis. Su apuesta a la relación con Peter había sido una semilla sembrada en el desierto, sufría por eso y se castigaba por su ingenuidad. Cortó todo contacto con Peter sin dar lugar a explicaciones, no las necesitaba. Todo estaba demasiado claro. Era simplemente un eslabón más en la cadena de hombres que la habían lastimado, y se dedicó a trabajar ese tema con verdadera entrega.

Pasaron unos meses y Andrea dueló, como pudo, su gran historia de amor. Estaba mucho más tranquila, sin embargo la notaba abatida y su mirada había perdido el brillo que la caracterizaba.

Una tarde llegó, dejó su abrigo en el sillón, se recostó y me dijo que, con Mauricio, habían decidido volver a estar juntos.

Me sorprendió, pues en todo ese tiempo jamás había barajado esa posibilidad.

—¿Y cómo fue?

—Fue. Se dio naturalmente.

—¿Me quieres contar?

—El domingo coincidimos en casa. Viste la tormenta que hubo, así que ninguno de los dos iba a salir y almorzamos juntos. Después miramos una película: *Un lugar llamado Notting Hill,* ¿la viste? —Asiento—. Qué sé yo, nos sensibilizó, nos miramos, nos dimos un beso… y tuvimos sexo. —Pausa—. ¿Y? Dime algo.

—¿Qué puedo decirte? Ya habíamos hablado de que era uno de los riesgos de seguir viviendo en la misma casa.

—Bueno, tampoco fue algo tan riesgoso. Después de todo tuvimos sexo tantas veces.

—Sí, pero por lo que me dices, esto no fue solo eso.

—Es cierto. Y para serte sincera, me hizo bien estar con él. No sé por qué, quizás porque después de todo es mi esposo, mi familia. —Pausa—. Mira, sé que tiene sus defectos, lo conozco bien, pero como me dijiste una vez, no todo se puede.

Gira la cabeza en el diván y me mira.

—¿Qué piensas?

—Que parece ser que te rendiste y decidiste ser igual a tu mamá.

Mi intervención fue dura, pero necesaria.

—No entiendo.

—Claro, tú dijiste en una sesión que «a pesar de todo, al menos ella tenía un marido que la amaba ¿te acuerdas?».

—Sí.

—Bueno, me da la impresión de que tú también elegiste quedarte al lado de un marido que te ama, a pesar de que te engañe, sea desleal y no te haga feliz.

Me mira indignada.

—¿Y tú con qué derecho me juzgas? Después de todo es mi vida.

—No te estoy juzgando, solo estoy un poco asombrado.

—¿Y eso por qué?

—Porque tu decisión de analizarte me hizo pensar que querías hacer algo distinto, que venías para cambiar tu historia y no para repetirla. Como bien dijiste, es tu vida, así que tienes derecho a hacer lo que quieras con ella. Pero no esperes que yo sea un testigo mudo de tu resignación.

La sesión continuó en un clima tenso. Estaba enojada, pero intuía que su enojo no era conmigo, sino con ella misma. Mi intervención puso en el tapete su miedo a quedarse sola, y no era una mujer que exhibiera sus temores fácilmente. Al salir me miró, parecía querer decirme algo, pero no lo hizo, y no pude evitar tener una sensación extraña.

***

La semana siguiente faltó sin avisar; no era algo habitual en ella. Cuando tampoco asistió a nuestra cita posterior tomé la decisión de llamarla. Sabía que se trataba de un momento muy complejo y que el análisis pendía de un hilo, por eso la encaré como lo hice, con firmeza, pero con extremo cuidado.

—Hola.

—Hola, soy Gabriel.

—Ah, sí.

Pausa.

—Andrea, quiero hacerte una pregunta. ¿Por qué estás enojada conmigo?

Parece extrañada.

—No entiendo.

—Tú me viniste a buscar y me pediste que fuera tu analista, ¿te acuerdas?

—Sí, claro.

—Te dije que no tenía lugar en la agenda, que estaba sacando un horario para verte, y aun así te tomaste la atribución de faltar dos semanas sin siquiera avisarme.

Pausa.

—Es que no sé si quiero seguir yendo.

—Bueno, si no quieres venir más, no lo hagas, respeto tu decisión. Simplemente te llamé porque nosotros tenemos un acuerdo, y correspondía que te recordara que me debes dos sesiones y te avisara que si vuelves a faltar voy a disponer del horario para dárselo a alguien que tenga ganas de trabajar conmigo. Solo eso. —Me despedí y corté.

Había sido una jugada extrema, lo sabía, pero a veces el análisis requiere de ciertas movidas complicadas. Es lo que llamamos un *acto analítico*; la puesta en juego de una intervención límite que define el devenir de un tratamiento.

Cuando el martes siguiente a las seis de la tarde sonó el timbre, sentí que el riesgo había valido la pena.

***

Andrea entró, me saludó y pasamos al consultorio. Se paró junto al diván un instante, sin embargo, finalmente optó por sentarse frente a mí, en el sillón. Se hizo un silencio prolongado e incómodo, hasta que por fin se decidió a hablar.

—Discúlpame —dijo sin mirarme.

—¿Por qué?

—Por haberme desaparecido sin llamarte. Sé que cuando alguien decide terminar un tratamiento debe hacerlo como corresponde.

Otra vez su eterna corrección.

—¿Y tú decidiste terminar tu tratamiento? —Asiente—. Bueno, está bien. Entonces lo dejamos aquí. Aunque debo reconocer que me da mucha pena.

—¿Qué te da pena?

—Que te des por vencida. —Levanta la cabeza—. Que no tengas la valentía de enfrentar la historia que te tocó.

Me mira asombrada, pero estoy decidido a continuar.

—¿Qué pretendías, Andrea, que te tuviera lástima? ¿Qué me apiadara de esa pobre mujer hermosa a la que nadie le dio nunca su lugar? Bueno, lo siento; te equivocaste.

—¿En qué me equivoqué?

—En que no percibiste que yo sí te di un lugar; un lugar que para mí es muy valioso. Pero no lo pudiste ver porque no confías en nadie, esa es la ley que guía tu destino. Por eso todo el tiempo dices «no lo puedo creer», ¿te escuchaste? —Niega con un gesto—. Yo sí. Y sospecho que lo dices tanto porque de verdad no puedes creer en nadie, y no te diste cuenta de que yo no soy uno más de los hombres de tu vida, yo soy tu analista. —Intento que mi tono sea suave a sabiendas de lo fuerte de mis palabras—. No soy Ernesto que prometió llamarlas a las pocas semanas y no apareció más, no soy Joaquín que te dijo que el piano era tuyo y después lo vendió sin siquiera consultarte, no soy Ezequiel que te dijo que te iba esperar toda la vida y cuando llegó el momento se casó con otra, no soy el doctor Méndez que prometió que iba lograr que tuvieras un hijo y te falló, ni soy Peter que te subió a una carroza encantada y volvió con su mujer. Sin embargo, cegada por el peso de tu historia tuviste miedo de que te pasara lo mismo conmigo y por eso decidiste abandonarme antes de que lo hiciera yo. Pero eso no iba a pasar, porque nuestro vínculo es diferente y está basado en la confianza. Y este también es un espacio distinto, un lugar en el que puedes mostrarte sin correr peligro, porque lo único importante aquí eres tú. Pero creo que no llegué a ganarme tu confianza. —Me mira azorada y llora—. Cuando te pedí el teléfono en el bar, ¿recuerdas lo que me dijiste?

—Sí. Que no me ibas a llamar.

—Exacto. No me creíste, y sin embargo te llamé, ¿o no? Y no solo eso. Te dije que no creía que pudiera hacerme cargo de tu tratamiento, y aquí estoy. ¿Y sabes por qué?

—No.

—Porque para mí eres alguien importante. —Hago una pausa para que asimile todo lo que le estoy diciendo. Además, hay una interpretación que quiero hacerle—. Andrea, tú dijiste que le entregaste tu virginidad a Ezequiel porque se lo merecía; y llevaste un tipo como Willy a tu casa para molestar a tus padres, porque también se lo merecían. ¿Sabes qué pienso? Que la decisión de volver junto a un hombre que te mintió, que te fue infiel y que ni siquiera estás segura de amar sigue esa misma lógica. Que Mauricio es lo que crees que te mereces.

La persona que está frente a mí se encuentra desarmada. Ya no es esa mujer hermosa y seductora que entró a buscarme a un bar de la avenida Independencia. Allí está Andrea, la verdadera, la frágil. La observo y mi tono se vuelve aún más suave y contenedor.

—Una vez dijiste que tu mamá nunca supo elegir bien a los hombres, y pareciera que tú cometiste el mismo error.

—¿Por qué lo dices?

—Porque me contaste que cuando decidiste acostarte con Ezequiel, él estaba de novio. También lo estaba Mauricio el día que lo conociste, y Peter… bueno, Peter directamente estaba casado. ¿Me equivoco si pienso que también Willy tenía pareja cuando empezaste a salir con él? —Su silencio es la mejor respuesta—. ¿Te das cuenta? Dijiste que no eras una robanovios, sin embargo siempre iniciaste relaciones que nacieron a partir del engaño y la infidelidad que tanto parece molestarte. Y quizás esa fue tu manera de repetir el modelo materno y elegir mal.

Baja la cabeza.

—Puede ser. ¿Y qué puedo hacer ahora?

—Trabajar para elegir de un modo distinto. Ya no siguiendo el patrón de esos hombres desleales en los que no se puede confiar. Tú tienes en tu pasado modelos diferentes. —Me mira—. Sí. Tu abuelo, por ejemplo. Una persona honesta que respetó el deseo de su hija a pesar de no estar de acuerdo y fue a su rescate cuando ella se quedó sola; el que te dio un hogar del que te arrancaron sin pedirte opinión. Y no es el único, existen muchos hombres leales, solo es cuestión de que puedas verlo, desafíes tu pasado y te animes a construir una historia a la altura de lo que deseas.

A pesar de lo intensa de la sesión la noto más entregada al análisis que nunca.

—¿Crees que podré lograrlo?

No es solo una pregunta, es casi una súplica. Aun así debo respetar mi compromiso de honestidad con ella.

—No lo sé. Pero si estás dispuesta a intentarlo avísame, porque todavía no ocupé con nadie este horario.

—Si haces eso te mato. —Deja escapar una sonrisa. Después me mira con un gesto de desamparo—. Gabriel, tengo tanto miedo.

—Lo sé.

— Pero sí, quiero intentarlo. ¿Cuento contigo?

La miro directo a los ojos, esos ojos que de golpe han recuperado su brillo.

—Por supuesto. Puedes confiar en mí.

—Ya lo sé—. responde, y esas tres palabras dan cuenta de un cambio fundamental para Andrea. Sabía que el camino sería difícil, pero sabía también que ya no estaba sola. Tenía ahora un espacio en el que podía creer sin sentirse amenazada.

***

Había pasado casi un año desde aquella sesión cuando el análisis logró que Andrea diera un giro importante. Ahora sentía que confiaba plenamente en mí.

El paciente repite en el consultorio su manera de vincularse con los otros y *transfiere* a la persona del analista sus emociones y actitudes cotidianas. Por eso podemos deducir de esa *transferencia* lo que habita en su interior y el porqué de sus elecciones. La importancia de modificar la relación con el terapeuta es que ese cambio va a reflejarse también en la vida, porque el sujeto descubre que tiene la posibilidad de construir un lazo con acuerdos más sanos.

Andrea volcó esta experiencia en su matrimonio e intentó cambiar muchas de las cosas que habían sido motivo de conflicto en el pasado. Su apuesta fue seria y consiguió buenos resultados. Sin embargo, no era feliz ni terminaba de fiarse de Mauricio.

Esa tarde se encontraba narrando un episodio ocurrido el fin de semana, y se quejaba del comportamiento de su esposo.

—¡Mira que le dije cien veces que tuviera cuidado con eso! Pero no… él va y lo hace igual. Te juro que no lo puedo querer.

La frase resonó en mí y me incliné en el sillón acercándome un poco más al diván.

—¿Escuchaste lo que dijiste?

Sonríe.

—Sí, ya sé, mi famosa expresión: no lo puedo creer. Bueno, se me escapó porque lo que pasa es que…

La interrumpo.

—No, tú no dijiste eso. Dijiste: «No lo puedo querer». Me gustaría saber qué te sugiere esa frase.

Se queda en silencio y solo atina a moverse de modo inquieto en el diván.

—Andrea, es cierto que Mauricio y tú se han esforzado mucho por reconstruir la pareja y que algunas cosas mejoraron. Pero, dime, ¿eso es lo que sientes después de todo este tiempo de intentarlo con él? ¿Que no lo puedes querer?

El Inconsciente tiene modos extraños de mostrarse, formas de hacerse escuchar que eluden la resistencia del paciente, y el *lapsus linguae* es una de ellas. Ese aparente error en el decir que termina, sin embargo, desvelando una verdad. Y es la verdad que, como analista, debo comunicar a mi paciente para que se haga cargo de esa realidad que lo habita. Ella sigue conmocionada y silente, por eso decido continuar.

—No podrías haberlo dicho de un modo más claro. Parece ser que por más que lo intentes es en vano: ya no puedes querer a Mauricio.

Se cubre el rostro con las manos y solloza en silencio. La dejo descargar su angustia unos minutos antes de intervenir.

—¿En qué estás pensando?

—Que es cierto, no puedo volver a amar a Mauricio, porque…

—¿Porque, qué?

—Porque sigo enamorada de Peter.

Es un momento de confusión y creo que debo ayudarla a aclarar lo que le está pasando.

—Te equivocas. Tú no sigues enamorada de Peter: sigues enamorada del sueño que él te ayudó a construir. De la aparición de un hombre que parecía estar dispuesto a arriesgar la vida por ti, de la adrenalina de llegar al aeropuerto y correr a arrojarte a sus brazos, de esos días mágicos que compartían en cada uno de tus viajes. Y es comprensible que, con todos esos condimentos, ahora te cueste armar un nuevo proyecto, porque todo te parece poco: un fin de semana en la costa, cambiar el auto, mudarte, no importa qué, pero nada se compara con lo que viviste con él, y lo que quieres es volver a encontrar a ese príncipe encantado que te hizo sentir única y segura por primera vez en la vida. Pero ¿sabes qué? Ese príncipe no existe, tú lo creaste en tu mente.

Por suerte, Andrea ya no esconde sus debilidades de mí y puede mostrarse en carne viva.

—¿Y entonces qué? ¿Tengo que conformarme sabiendo que nunca más voy a volver a ser feliz?

—No, claro que no. No tienes por qué conformarte con alguien a quien ya no amas.

—Pero si acabas de decirme que lo que quiero no existe, entonces ¿eso implica que debo aceptar que voy a quedarme sola para siempre?

La escucho y no puedo dejar de oír la voz de esa niña que sintió cómo la arrebataban de la falda de su abuela para llevarla lejos de su hogar. Está desbordada y no piensa con claridad.

—No te confundas. No es lo mismo estar sola que no tener pareja, y tú no estás sola. Tienes a Claudio, tu hermano, que siempre sigue a tu lado. Tus padres tienen sus problemas, es cierto, pero te aman. También están tus amigas, un trabajo en el que eres exitosa y además tienes este espacio que vienes sosteniendo desde hace tanto tiempo. Pero lo que aún no pudiste construir es un hogar. —Casi puedo escuchar el dolor que le producen mis palabras—. Y es posible que tu decisión de volver con Mauricio haya escondido ese anhelo, pero no te equivoques. Ustedes tienen un departamento, es cierto. Sin embargo, no es lo mismo una propiedad que un hogar.

Sostengo un silencio prolongado hasta que puede manifestar lo que está sintiendo.

—¿Tú crees que voy a volver a enamorarme de alguien?

Podría aminorar su sentimiento de desolación respondiendo lo obvio, pero no es ese mi compromiso con ella.

—No lo sé, porque para enamorarse hacen falta dos. Pero para construir un lugar genuino que puedas sentir tuyo, basta contigo. Es cuestión de que te animes a intentarlo.

La estaba invitando a aceptar un desafío. Y ella lo aceptó, aún sin saberlo.

***

Fueron meses en los que Andrea se convirtió en una guerrera. Con enorme valentía cuestionó toda su vida. Dejó salir la rabia que sentía por Ernesto, el dolor que le generaba el mundo de engaños y silencio en que se movían sus padres, se apropió de la angustia que sentía por sus fracasos amorosos y conoció aspectos de sí misma que no sospechaba que tenía.

Cuando le llegó el momento a su matrimonio no dudó en tomar la decisión de separarse. Fue un proceso traumático. Mauricio se aferró al departamento, a cada mueble, a cada espacio dispuesto a no ceder nada, quizás con la idea de que de esa manera podría retenerla a su lado. Pero Andrea estaba firme y decidida. Por eso, una tarde armó sus maletas y se fue. Su hermano, Claudio, la alojó durante unas semanas en su casa hasta que ella logró rentar un lugar para mudarse.

—No sé si voy a poder soportarlo; tengo miedo de todo.

Sin embargo, como una piedra que es arrojada al vacío, ya nada podía detener su camino. Al año compró el departamento que rentaba. Ese día estaba conmovida.

—Listo, Gabriel. Es mío y nadie me va a poder sacar nunca de allí.

No obstante, el evento más significativo de su potente recorrido se dio unos meses después. Era una tarde fría y lluviosa. Andrea dejó el paraguas en el vestíbulo de entrada, se quitó el impermeable y se acostó en el diván. No dijo una palabra durante minutos hasta que estalló en un sollozo profundo.

—¿Qué pasa? —le pregunté conmovido por la hondura de su llanto.

—Nada… que debo estar poniéndome vieja y sensible. Porque no puedo llorar así por una tontería semejante.

—Cuéntame.

Se secó los ojos con las manos y su voz se entrecortó al hablar.

—No sé si sabes, pero la semana pasada fue mi cumpleaños y tenía ganas de hacerme un regalo, pero no sabía qué. Entonces fui a la plaza a mirar ropa, a recorrer locales y nada me convencía. Al rato me fui a tomar un café para descansar y caí en la cuenta de que estaba en la misma mesa en la que nos sentamos con Mauricio el día en que empezamos a salir. —Voy a intervenir, pero no es necesario—. Ya sé… el inconsciente. —Sonríe—. Y en ese momento toda mi vida pasó por delante de mis ojos: Bogotá, la casa de mis abuelos, la mudanza con Joaquín, Ezequiel y mi primera vez, todo… y ahí supe lo que quería regalarme. Busqué en internet, lo compré y hoy en la mañana me lo entregaron.

Suspira.

—¿Y qué es lo que te regalaste?

Su voz vuelve a quebrarse.

—Un piano. Pensarás que estoy loca, porque es caro y estoy grande para aprender, pero no sabes la emoción que sentí cuando lo vi en la sala de mi casa. Es más, casi llego tarde porque no podía dejar de mirarlo. Y no sé por qué no puedo parar de llorar. Después de todo es nada más que un piano.

Mientras la escucho, todo su proceso analítico desfila también en mi recuerdo, y siento en mí esa emoción profunda que la recorre.

—Te equivocas, Andrea. Eso no es solamente un piano, es tu manera de decir que no estás dispuesta a renunciar a tus sueños. Y te felicito. Porque hasta ayer solo tenías un departamento, en cambio ahora sí tienes un hogar. Un hogar capaz de albergar tus anhelos y a esta nueva mujer que eres.

La escucho llorar, pero hay llantos que no duelen. Por el contrario, dan cuenta de la valentía con que se ha recorrido el difícil camino que conduce a la verdad.

Siempre supe que la apuesta del Psicoanálisis no es solo lograr el bienestar del paciente, sino darle la posibilidad de convertirse en una persona diferente, alguien que no hubiera sido nunca si no se hubiera analizado. Hoy, con sus lágrimas, Andrea me refuerza esa creencia.

No puedo saber si volverá a estar en pareja, si podrá amar otra vez como amó a Peter, pero no tengo dudas de que se ha convertido en una mujer distinta. Ahora tiene un lugar en el mundo y, por sobre todas las cosas, aprendió a confiar, al menos en sí misma. Y sé que es el mejor comienzo para cambiar un destino.

AGRADECIMIENTOS

En esta edición especial les quiero agradecer, desde lo más profundo de mi corazón, a todos y a cada uno de mis lectores. Todo este camino lo he recorrido de la mano de ustedes.

Licenciado Gabriel Rolón

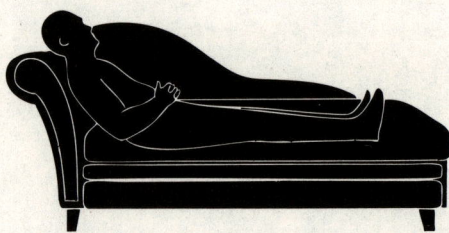